나는 왜 정치를 하는가

나는 왜 정치를 하는가

초판 1쇄 2017년 4월 7일
　　　7쇄 2017년 5월 19일

지은이 유승민

발행인 주은선
펴낸곳 봄빛서원
주 소 서울시 강남구 테헤란로 146 현익빌딩 13층
전 화 (02)556-6767
팩 스 (02)6455-6768
이메일 books@bomvit.com
페이스북 www.facebook.com/bomvitbooks
등 록 제2016-000192호

ISBN 979-11-958420-3-2 03300

이 도서의 국립중앙도서관 출판예정도서목록(CIP)은 서지정보유통지원시스템 홈페이지(http://seoji.nl.go.kr)와
국가자료공동목록시스템(http://www.nl.go.kr/kolisnet)에서 이용하실 수 있습니다.(CIP제어번호: CIP2017007861)

나는 왜 정치를 하는가

유승민

봄빛서원

프롤로그

정치는 말이고 정치는 곧 글입니다. 말과 글은 자신을 드러내는 일입니다. 드러내지 않으려고 해도 스스로 쓴 글에는 글쓴이의 삶이, 철학이, 인격이 고스란히 녹아 있습니다. 글을 쓴다는 것, 특히 자신에 대한 글을 쓴다는 것은 그래서 두려운 일이기도 합니다.

경제학자 시절 경제정책에 관한 수많은 책들과 보고서를 썼고, 정치의 세계에 뛰어들어서도 연설문과 기고문은 써봤지만 오롯이 저 자신에 대한 이야기를 쓰는 것은 이 책이 처음입니다.

정치를 시작하고 나서 18년째 그 흔한 출판기념회 한 번 안 했는데, 이제는 국민들 앞에 유승민이란 사람에 대해 말씀드려도 될 시점이 아닐까 하는 생각에 용기를 내었습니다.

제가 살아온 날들, 어떻게 정치를 시작하게 되었는지, 어떻게 정치를 해왔는지, 왜 정치를 하고 있는지, 꿈꾸는 정치는 무엇인지, 함께 만들고 싶은 세상은 어떤 것인지, 그동안 속시원하게 얘기하고 싶었지만 가슴속에 꾹꾹 눌러 담았던 말들을 이 책을 통해 내어 놓으려 합니다.

처음 내는 책이니만큼 잘 써야겠다는 생각에 지난해 여름부터 쓰다 말다를 반복하는 동안 시간이 너무 미뤄졌고, 그러다 보니 담고 싶었던 내용을 다 담지는 못했지만 정치인 유승민의 첫 책을 많은 분들이 봐주시면 행복할 것 같습니다. 이 책이 나올 때쯤이면 노란 개나리꽃은 이미 한창을 지나고 벚꽃이 만발할 것입니다. 장미꽃이 피는 5월도 멀지 않았을 것입니다.

대한민국이라는 국가는 무엇이어야 하는지, 과거의 터널을 지나 앞으로 어떤 미래를 선택할 것인지에 대한 고민도 깊어져 가고 있을 것입니다. 완전히 다른 세상이 가능하다고 믿는다면, 우리 모두가 인간의 존엄과 가치를 지키고 사는 정의로운 세상을 꿈꾼다면, 아이 키우고 싶은 나라를 만들어 보고 싶다면, 경제위기·안보위기를 극복하고 선진국 대열에 선 품격 있는 대한민국을 원한다면, 제 손을 잡고 함께 가자고 감히 말씀드립니다.

정치인 유승민이 어떤 사람인지 잘 몰라서 망설이거나 주저하신다면 지금부터 시작하려는 저의 이야기를 한번 들어봐 주십시오.

감사합니다.

유승민

1

대한민국은 민주공화국이다

원내대표에서 물러나다

2015년 7월 8일 국회 정론관에 섰다. 원내대표에서 물러나라는 박근혜 대통령의 압력에 맞선 지 13일 만이다. 나에게는 길고 긴 시간이었다. 오전 의원총회에서 원내대표 사퇴를 권고하기로 결론을 내렸고, 김무성 당 대표가 의원회관 내 방에 와서 이 소식을 전했다. 나는 두말 안하고 바로 사퇴 기자회견을 하겠다고 말했다. 정론관으로 향했다. 전날 밤에 쓰고 그 날 아침 다시 고친 기자회견문을 가슴에서 꺼내 읽었다.

원내대표직을 내려놓으며

존경하는 국민 여러분! 당원 동지 여러분!

저는 오늘 새누리당 의원총회의 뜻을 받들어 원내대표직에서 물러납니다.

무엇보다 국민 여러분께 사죄의 말씀을 드립니다.

고된 나날을 살아가시는 국민 여러분께 저희 새누리당이 희망을 드리지 못하고, 저의 거취 문제를 둘러싼 혼란으로 큰 실망을 드린 점은 누구보다 저의 책임이 큽니다.

참으로 죄송한 마음입니다.

오늘 아침 여의도로 오는 길에, 지난 16년간 매일 스스로에게 묻던 질문을 또 했습니다.

"나는 왜 정치를 하는가?"

정치는 현실에 발을 딛고 열린 가슴으로 숭고한 가치를 추구하는 것입니다. 진흙에서 연꽃을 피우듯, 아무리 욕을 먹어도 결국 세상을 바꾸는 것은 정치라는 신념 하나로 저는 정치를 해왔습니다.

평소 같았으면 진작 던졌을 원내대표 자리를 끝내 던지지 않았던 것은 제가 지키고 싶었던 가치가 있었기 때문입니다.

그것은 법과 원칙, 그리고 정의입니다.

저의 정치생명을 걸고, '대한민국은 민주공화국'임을 천명한 우리 헌법 1조 1항의 지엄한 가치를 지키고 싶었습니다.

오늘이 다소 혼란스럽고 불편하더라도 누군가는 그 가치에 매달리고 지켜내야 대한민국이 앞으로 나아간다고 생각했습니다.

지난 2주간 저의 미련한 고집이 법과 원칙, 정의를 구현하는 데 조금이라도 도움이 되었다면, 저는 그 어떤 비난도 달게 받겠습니다.

거듭 국민 여러분과 당원 동지 여러분의 용서와 이해를 구합니다.

임기를 못 채우고 물러나면서 아쉬움이 있습니다.

지난 2월 당의 변화와 혁신, 그리고 총선 승리를 약속드리고 원내대표가 되었으나, 저의 부족함으로 그 약속을 아직 지키지 못했습니다.

지난 4월 국회연설에서 "고통받는 국민의 편에 서서 용감한 개혁을 하겠다. 제가 꿈꾸는 따뜻한 보수, 정의로운 보수의 길로 가겠다. 진영을 넘어 미래를 위한 합의의 정치를 하겠다"고 했던 약속도 아직 지키지 못했습니다.

그러나 더 이상 원내대표가 아니어도 더 절실한 마음으로 그 꿈을 이루기 위한 길로 계속 가겠습니다.

저와 꿈을 같이 꾸고 뜻을 같이 해주신 국민들, 당원 동지들, 그리고 선배 동료 의원 여러분께 깊이 감사드립니다.

2015년 7월 8일
국회의원 유승민

사람들은, 나의 가까운 지인들조차 여러 번 물어왔다. 왜 그렇게 버티는 것이냐고.

대통령이 물러나라면 물러나야 하지 않냐, 대통령을 이길 수는 없지 않냐, 우리나라는 대통령 중심제니까 대통령이 당연히 우위에 있지 않냐, 당청 화합을 생각하라, 안 물러나면 정치적 보복이 있을 것이다, 대

2015년 7월 1일 원내대표 사퇴 압박을 받던 중 국회 새누리당 대표최고위원실로 향하는 모습.

통령에게 맞서서 살아남을 줄 아냐, 후일을 도모해라, 주위 사람들까지 다치게 된다…… 수많은 이야기들은 하나로 귀결되었다. 대통령이 시키는 대로 하라는 것이다.

그러나 나는 그럴 수 없었다. 그건 개인 유승민의 일이 아니었기 때문이었다. 왕국이 아니라 민주공화국인 대한민국, 삼권분립이 보장된 대한민국에서 여당의 원내대표가 대통령의 말 한마디에 그냥 물러난다면 이 나라 헌법은, 민주주의는, 정치는 어떻게 되는 것인가? 또 먼 훗날 우리 역사는 이를 어떻게 기록할 것인가? 국민과 역사 앞에서 떳떳한 선택은 무엇인가? 나는 그것만 생각했다.

집권 3년차였다. 정권의 서슬이 시퍼렇게 살아 있었다. 아니 정점에 달해 있을 때였다. 레이저 광선을 내뿜는 대통령의 거친 말들과 노골적인 사퇴 강요가 터져나오기 무섭게, 권력과 명분 사이에서 오락가락 하던 언론마저 대통령 쪽으로 돌아섰고, 야당조차 침묵했다. 나를 원내대표로 뽑았던 동료 의원들, 대통령의 노골적인 사퇴 압박이 시작되던 6월 25일 오후에 소집된 의원총회에서 절대 다수로 나를 재신임했던 동료 의원들까지 흔들리기 시작했다. 당 최고위원회의에 참석하면 바로 옆에 앉아 있던 나를 두고 물러나라고 압박하는 일이 매일 반복되었다. 어떤 이들은 막말 수준의 거친 인신공격도 서슴지 않았다.

그럴수록 나는 차분해졌다. 원내대표직에서 사퇴하는 것은 조금도 어렵지 않았다. 아니 당장이라도 사퇴하는 게 오히려 쉬운 일이었다. 살면서 단 한 번도 자리에 연연한 적이 없었던 나였다. 어떤 자리든 더 이상 있을 이유가 없다면 언제든 그만두면 된다고 생각하면서 살아왔다. 더구나 청와대와 당 지도부의 거듭된 압박, 나 때문에 중간에서 눈치를 보고 부담을 느낄 동료 의원들을 생각한다면 던져버리는 편이 훨씬 홀가분한 일이었다.

그러나 과연 무엇이 옳은 길일까? 고민과 번뇌로 잠 못 이루는 날들이 이어졌다. 언론들은 집권당 원내대표와 대통령의 권력투쟁이라고 표현하기도 하고, 내가 정치적 미래를 위해 대립각을 세운 것이라고 해석하기도 했지만, 모두 아니었다. 내 기준은 단 하나였다. 정치를 그만두게 되는 한이 있더라도 옳은 길을 가자는 거였다.

그 무렵 격려 문자와 편지, 이메일이 쏟아졌다. 그 중 기억에 남는 글은 '미생' 같이 살고 있는 국민들을 생각해서 버텨달라는 어느 가장의 글이었다. "대표님이 물러나면 저는 회사에서 더 버틸 수 없을 것 같습니다. 상사들의 폭언에도, 눈칫밥에도, 가족을 생각해서 하루하루 지내고 있는데 그런 제 눈에는 대표님이 '미생' 대표처럼 보입니다. 짤릴까봐 무서워서 저항도 못하는 미생들을 대신해서 꿋꿋하게 그 자리에 있어주십시오."

박근혜 대통령은 2015년 6월 25일 국무회의 석상에서 "신뢰를 어기는 배신의 정치는 국민이 심판해주셔야 한다"고 말했다. 그 원고를 대통령이 직접 썼는지, 누가 써줬는지 나는 아직도 모른다. 적어도 연설

담당 비서진들이 써준 원고가 아니었음은 분명했다. 그 말을 전해들은 순간 나는 내 귀를 의심했다. 누군가 뒤에서 내 등을 칼로 찌른 아픔을 느꼈다. 바로 그 직전까지 나는 여당 원내대표로서 혼신의 힘을 다해서 야당을 설득해냈고 공무원연금개혁을 완수해냈다. 전국공무원노동조합(전공노)이 소속된 민주노총에게 막판까지 휘둘리던 야당을 상대로 공무원연금개혁안을 줄다리기한 끝에 100점짜리 개혁은 못되었어도 50점 이상은 되는 개혁안에 합의했다. 이 개혁으로 국민의 세금부담을 향후 30년간 37조 원, 70년간 약 333조 원 절약하는 개혁을 해냈다. 공무원들에게 욕을 먹더라도 나라의 장래를 위해 꼭 해야 한다는 확신을 갖고 밤낮 없이 추진해왔던 일이었다.

국회에서는 소위 국회선진화법 때문에 야당이 반대하면 되는 게 없었다. 이 법은 19대 국회에서 당시 박근혜 의원도 적극 찬성해서 통과시킨 법이었다. 따라서 정부가 원하는 것을 통과시키려면 야당이 원하는 것도 일부 수용하지 않을 수 없다. 공무원연금개혁을 추진하는 과정에서 야당은 별의별 요구조건을 내세웠다. 대부분의 요구조건은 상식적으로 받아들이기 어려운 것들이라 단호하게 거절했다. 내가 마지막에 수용했던 조건은 바로 국회법 제98조 2의 제3항이었다. 대통령령 등 행정입법이 법률의 취지나 내용에 합치되지 않을 경우 소관행정기관의 장에게 '그 내용을 통보할 수 있다'로 되어 있는 현행법을 '수정·변경을 요구할 수 있다'로 개정하자는 게 야당의 요구였다. 법률의 취지나 내용에 맞지 않는 대통령령을 행정부가 함부로 만드는 것은 분명 잘못된 것이니, 이 정도는 타당한 조건이라고 판단해서 이를 받아들였고 이후 공무원연금법은 합법적인 절차를 통해 국회를 통과했다.

그런데 그 다음 날부터 이 국회법 개정안이 위헌이라는 주장이 나오기 시작했다. 일부 언론들도 이에 동조하였고, 심지어 어떤 언론은 1면 톱에 '입법부 독재'라는 제목을 큼지막하게 달고 국회법 통과를 위헌으로 단정하면서 청와대와 손발을 맞추는 모습까지 보였다. 입법권은 명백히 국회의 소관이고, 대통령령이 법률을 위배한다면 국회가 행정부에 수정·변경을 요구할 수 있지 않은가? 이것은 법률 전문가가 아닌 내 눈에는 상식으로 보였는데 참으로 이해하기 어려운 일들이 벌어지기 시작했다.

국회법에 대해 거부권을 행사하던 6월 25일 그 날, 대통령은 '여당의 원내사령탑'이라는 표현으로 나를 콕 찍어서 '배신의 정치'를 말했다. 야당과 사투를 벌이면서 통과시켰던 공무원연금개혁의 성과는 어디 갔는지 흔적도 없이 사라지고 국회법 개정안과 배신의 정치만 남았다. 원내대표에서 물러나고 몇 달이 지난 후 박근혜 정부 스스로 공무원연금개혁을 대표적인 업적이라고 슬그머니 내세우는 걸 보고 나 혼자 쓴웃음을 지었다.

그 국회법 개정안은 정말 위헌이었을까? 나는 헌법 전문가가 아니라 정답을 모른다. 그러나 결코 위헌이 아니라는 나의 소신은 처음부터 지금까지 조금도 변함이 없다. 법을 만드는 입법부가 법률을 위배한 대통령령에 대해 수정·변경을 요구할 수 없다면, 대통령이 법률을 위배하는 시행령을 마음대로 만들어도 아무런 견제장치도 없어야 한다는 말인가? 그게 오히려 이상한 나라 아닌가? 이건 상식 아닌가? 언젠가는 양심적인 법률 전문가들이 이 국회법 개정안의 위헌 여부에 대하여 올바른 결론을 내려주기 바란다.

그런데, 그런데 말이다. 야당과의 협상에서 온갖 고비를 넘기며 대통령 본인이 그렇게 간절히 원했던 공무원연금개혁을 성사시켰던 여당 원내대표에게 수고했다는 덕담을 건네주기는커녕 '배신의 정치'라고 저주를 퍼부었던 진짜 이유는 무엇이었을까? 단순히 국회법 개정안 하나 때문에 대통령이 나에게 배신의 정치라고 했을까? 그건 도저히 이해가 안 되는 대목이었다.

생각의 차이

시계를 거꾸로 돌려 기억을 더듬어봤다. 나와 대통령 사이에 대체 어떤 사연들이 있었는지 기억을 되살려봤다. '배신'이라는 말을 들을 줄은 상상도 못했기에 도대체 왜 나에게 그런 험한 말을 하는지부터 납득이 되지 않고는 도저히 그냥 넘어갈 수 없는 문제였다.

그러고 보니 대통령 입장에서는 내가 싫었을 만한 일들이 새삼스럽게 생각났다. 시간을 거슬러 올라가면서 하나씩 기억을 떠올려봤다. 2015년 4월 8일 국회 대표연설에서 "증세 없는 복지는 허구"라고 했고 단기부양책을 비판했고 창조경제가 성장의 해법으로는 부족하다고 했다. 그 국회연설에서 내 진심을 담아 세월호 유가족들, 실종자 가족들을 위로한 것도 대통령의 심기를 불편하게 했을 수도 있었다. 그 해 2월에는 여당의 현역 국회의원 세 명을 대통령의 정무특보로 임명한 것은 삼권

분립에 어긋난다고도 했다. 내가 여당 원내대표가 되자마자 여당에서는 처음으로 세월호를 인양해서 피붙이의 뼈도 못 찾은 실종자 가족들과 세월호 유가족들의 한을 풀어드려야 한다고 주장했다.

사드배치도 문제였다. 나는 국방위원장이 된 후 북한의 핵미사일 개발이 실전배치 단계에 와있다는 판단에 따라 2013년부터 사드(고고도미사일 방어체계)와 SM3 요격미사일 도입을 주장했다. 그러나 대통령과 국방부장관은 3년 동안 계속 미국으로부터 요청도, 협의도, 결정도 없었다는 '3 NO'로 일관했다. 2014년 사드배치에 대해 대정부 질문을 한 나는 원내대표가 된 다음 사드배치를 당론으로 채택하기 위해 공론화했는데 주로 친박 핵심의원들의 반대가 심했다. 하수인들의 반대는 곧 청와대가 불편하다는 증거였다. 2016년 7월 사드배치를 갑자기 발표한 이후 그들의 말이 180도 달라진 것은 코미디다.

하기야 2월 2일 원내대표 선거에서 나를 낙선시키려는 목적으로 국무위원들까지 근무시간임에도 불구하고 의원총회에 투표하러 왔었기에 내가 선거에서 이긴 것 자체부터 괘씸죄였을지도 모르겠다. 만일 그랬다면 참으로 어이없는 일이다.

2014년 외교통일위원회 국정감사에서는 대통령의 뉴욕 간담회 발표문에 "대한민국은 중국에 경도된 것이 아니다"라는 말을 넣었다 뺐다 했던 일을 두고 이런 심각한 잘못을 저지른 청와대 비서관들에게 '청와대 얼라들'이라고 했으니 그것도 기분이 안 좋았을 것이다. 또 2012년 대통령 선거 당시 공약했던 전시작전통제권 전환을 철회하는 과정에서 국민들에게 아무런 설명도 없었던 소통 부족의 문제를 지적한 것도 기억이 났다. 2015년 8월 4일 북한의 목함지뢰 도발 사건으로 철책선에서 우리 군 하사 두 명이 중상을 입은 바로 그 다음 날 대통령의 경원선 기공식 참석, 이희호 여사의 평양 방문, 통일부의 남북고위급회담 제안이 있었던 것에 대해 어처구니 없는 일이라고 질책한 것도 기분이 나빴을 수도 있겠다.

2012년 대선이 끝난 직후 당선인의 첫 인사를 보고 실망한 나머지 한마디 했다. 인사와 소통과 정책을 잘해야 성공한 대통령이 될 거라고, 첫 인사는 잘못된 것이니 당사자는 자진 사퇴하는 것이 좋겠다고 했다. 당선인이 불쾌하게 생각할 거라고 짐작은 했지만, 첫 인사부터 이런 식으로 가서는 결코 성공한 대통령이 되기 어려울 거라고 봤다.

2012년 대통령 선거를 앞두고도 그런 일들이 있었다. 2012년 초 박근혜 비상대책위원장이 당명을 한나라당에서 새누리당으로 바꾸려고 밀어붙였을 때 의원총회 소집을 요구하고 박근혜 비대위원장 앞에서 새누리당 당명에 철학과 가치가 담겨 있지 않다고 비판했던 일, 4월 총선 직후 "소통과 판단에 문제가 있다"고 비판했던 일, 2012년 9월 인혁당 사건 등 박정희 전 대통령 시절의 과오가 문제가 되었을 때 "후보 빼고 다 바꾸자"고 했던 일도 떠올랐다.

대통령 선거보다 오히려 당내 양 후보간의 공방이 더 치열했던 2007

년 경선을 치르면서 나는 그 분으로부터 서서히 멀어져갔다. 멀어진 이유는 서로 '생각의 차이'가 너무 컸기 때문이었다. 정책이든 정치든 판단의 기준도, 생각도 서로 다를 때가 많았고, 어느 때부터인가 대화 도중에 그 분은 '생각의 차이'라는 표현을 쓰기 시작했다.

2007년 경선 당시 박근혜 후보 캠프에서 나는 정책메시지단장이란 직책을 맡았다. 이명박 후보의 4대강 대운하 공약에 맞서 치열한 논쟁을 벌이고 있을 때였다. 어느 날 갑자기 박 후보가 한마디 상의도 없이 '한중 열차페리'라는 공약을 들고 나왔고 실제로 열차페리를 보겠다고 중국까지 가는 걸 보고 당황스러웠다.

또 어느 날 캠프 앞 식당 밥먹는 자리에서 캠프 관계자들이 '줄푸세'라는 구호를 외치기에 그게 뭐냐고 물어봤더니 누군가가 "세금은 줄이고 규제는 풀고 법질서는 바로 세우는" 거라고 했다. 규제를 풀고 법질서를 바로 세우는 거야 좋지만, 세금을 줄이는 것은 함부로 약속할 일이 아니라 당황스러웠다.

누군가가 줄푸세라는 말을 만들었는데 이게 갑자기 박근혜 후보의 대표공약처럼 되어가고 있었다. 누가 줄푸세의 '줄'에 해당하는 감세가 경제를 살리는 길이라는 생각을 주입시켰는지 후보는 레이거노믹스, 대처리즘을 본떠서 법인세, 소득세, 부가세를 줄이고 싶다고 했다. 나는 감세가 경제를 살리는 방법이라는 생각에 찬성할 수 없었다. 이명박 정부가 들어서고 2008년 금융위기가 발발한 이후 나는 국회 예결위 등에서 감세중단을 공개적으로 요구했다.

2006년 추석연휴 때는 북한이 1차 핵실험을 했다. 나는 북한 핵문제만큼은 결코 가벼이 넘길 수 없고 북한의 최초 핵실험이니만큼 강력히 규탄해야 한다고 건의했다. 그러나 몇 번 강하게 건의해도 이상하게도 받아들여지지 않았고, 그러는 사이에 핵실험 이후 '안보는 아무래도 이명박이 낫다'는 여론이 확산되면서 이명박 후보 지지율은 가파르게 올라가고 있었다.

이처럼 '생각의 차이'는 자주 있었다. 2007년 경선 과정에서 느꼈던 생각의 차이 때문에 나는 이기든 지든 경선만 끝나고 나면 더 이상 이분을 가까이서 도울 수는 없겠다고 결심했다. 그러나 박근혜 후보를 도운 것도 나의 선택이었기에 적어도 경선이 끝날 때까지는 도와드리는 게 도리라고 생각했다. 2007년 8월 20일이 경선일이었고, 8월 19일 대구에서 당원투표를 마치고 서울에 온 나는 곧장 국회 사무실에 가서 박 후보를 위해 내가 해야 할 마지막 일을 했다. 그건 수락연설과 승복연설, 두 건의 연설문 작성이었다. 수락연설문은 참 힘들게 겨우 썼고, 승복연설문은 순식간에 짧게 썼다. 밤늦게 집에 가는 길에 박 후보의 삼성동 자택에 연설문을 전달했다. 그 수락연설은 경선 패배로 빛을 보지 못했고, 승복연설은 후보가 한 자도 고치지 않고 그대로 읽었다. 내가 써준 연설문을 토씨 하나 고치지 않고 읽었던 경우는 거의 없었는데 승복연설은 예외였던 셈이다.

2007년 이명박-박근혜의 치열했던 경선을 되돌아보면 가장 보고 싶은 사람이 있다. 박근혜 캠프의 홍보팀을 맡았던 허유근 씨다. 광고회사의 상무를 그만두고 캠프에 합류한 분이었는데 몇 번 대화를 해보니 의기가 투합했다. 허유근 씨는 그 해 10월 나에게 편지를 보내왔다. "회자정리(會者定離)요, 거자필반(去者必返)이라 하지만 아직도 그 날의 아쉬움은 가슴속에서 영 지워지지 않아 밤잠을 자지 못하고 있습니다. 새벽에 잠이 들어 백주에 조반을 먹고 땅거미가 내려앉을 때 공원 한 바퀴를 돌면 저의 하루는 끝이 나는데 의원님은 어떠신지요? …… 이 바닥은 원래 일이 끝나면 인연도 다 끝나는 희한한 바닥이라는 걸 새삼 느끼게 됩니다.…… 경선 이후 이런저런 이야기를 함께 나눠보고 싶습니다. 저는 백수입니다. 언제든 연락 주십시오."

그는 경선 다음 해인 2008년 12월 간암으로 세상을 떴다. 경선에서 지고 매일을 술로 지새웠다고 들었다. 부고를 듣고 달려간 장례식장에서 그의 영정을 보니 눈물이 쏟아졌다. 인생이 허망했다.

2008년 4월 총선을 앞두고 소위 친이세력들이 '친박 공천 학살'을 도모하고 있었을 때 나는 당시 평의원이지만 구심점이었던 박근혜 의원이 전면에 나서서 이런 부당한 공천 학살을 막아야 한다고 건의했다. 그러나 그 분은 공천 학살에 소극적으로 대응했고 실망한 나는 설 연휴 직전 친박의원들의 모임을 주도해서 친이의 '친박 공천 학살'에 맞서서 공천신청을 집단으로 철회하자고 제안하고 행동에 옮기려 했다. 하지만 이 또한 그 분의 반대로 무산되었다.

2009년 봄에는 원내대표 선출을 앞두고 이런 일도 있었다. 김무성 의원을 원내대표로 합의 추대하자는 친이 측의 의견이 있었다. 친이·친박 간 해묵은 앙금을 해소하는 취지로 그렇게 해도 좋겠다는 생각이 들었다. 그런데 당시 미국에 있던 박 의원이 대놓고 반대했고 결국 김무성 의원은 뜻을 접어버렸다. 박 의원의 귀국 후 묘한 상황이 벌어졌다. 김무성 의원은 안된다고 했던 박근혜 의원이 귀국 후 황우여-최경환 의원을 원내대표와 정책위의장 후보로 경선에 출마하라고 했다는 얘기가 돌았다. 설마 그럴 리가 없을 거라고 생각했는데 박근혜 의원이 전화를 해서 그렇게 정했으니 도와달라고 했다. 나는 "이해가 안 됩니다. 김무성 의원은 안 되고 황우여-최경환 의원은 되는 이유가 뭡니까? 저부터 납득이 되어야 도울 수 있고 우리 의원들도 마찬가지일 겁니다"라고 했다. 이런저런 얘기를 하는데 여전히 납득이 안 되고 원칙에 맞지 않아 나는 도울 수 없다고 했다. 그 경선에서 황우여-최경환 조는 패배했다.

박근혜 대표의
'조건부' 비서실장을 맡다

2000년 여의도연구소장으로 정치에 입문했던 나는 2002년 대선에서 이회창 후보가 패배한 이후 여의도를 떠났다. 2004년 17대 총선에서 우여곡절을 겪으면서 비례대표 국회의원이 되어 여의도로 돌아왔고 그 해 17대 국회가 시작되면서 재경위-정무위-예결위를 담당하는 제3정책조정위원장이 되어 첫 당직을 맡게 되었다.

예결위를 끝내고 2005년 1월 초 친구를 만나러 부산에 갔는데, 그 날 박근혜 대표의 전화를 받았다. 대표 비서실장을 맡아달라는 제안이었다. 나는 비서실장에 적합한 사람이 아니라며 거절했다. 아닌 건 아니라고 직언을 하는 내 성격을 스스로 잘 알기 때문에 누구의 비서실장으로는 적합하지 않았으니 맡지 않는 게 서로에게 좋을 거라고 생각했다. 그런데 '만나서 얘기하자'고 해서 다음 날 서울에서 마주 앉게 되었는데 박 대표는 끈질기게 비서실장을 제안했다. 사실 그 몇 달 전에 당 대변

인을 맡으라는 제안을 고사했던 적이 있었기에 당원으로서 당 대표의 제안을 거절만 하기도 쉽지 않았다.

고민 끝에 나는 박근혜 대표에게 거꾸로 조건을 달았다. "제가 2000년에 당에 와서 2002년 대선을 겪은 뒤 가장 후회된 것이 후보에게 할 말을 다 못했던 겁니다. 제가 비서실장을 맡게 되면 할 말을 다하는 비서실장이 될 건데 그렇게 해도 괜찮겠습니까?" 내 말이 끝나기 무섭게 박 대표는 흔쾌히 동의했다. 별 생각 없이 그저 급한 마음에 동의하는 것 같아서 굳이 한마디를 덧붙였다. "좋습니다. 그러면 하겠습니다. 대신 할 말을 다할 테니 거북하면 언제든 저를 잘라도 좋습니다."

이렇게 해서 2005년 1월 나는 박근혜 한나라당 대표최고위원의 비서실장이 되었다. 비서실장이 된 후 얼마 지나지 않아 바로 할 말을 해야 할 상황이 생겼다. 그 때부터 박근혜 대표는 2007년 대통령 선거에 출마할 사람이라는 여론이 있어 일부 언론이 정수장학회 문제를 집요하게 물고 늘어졌다. "정수장학회는 5·16 군사쿠데타 후 부산의 기업가 고 김지태씨가 설립한 부일장학회를 강제로 헌납받은 잘못된 역사"라는 비판이었다. 나는 공당의 대표이자 대통령 선거에 도전할 분이 정수장학회 이사장을 계속 맡고 있을 이유가 없다고 생각했다. 박근혜 대표를 만나서 정수장학회 이사장직을 그만두는 게 좋겠다고 말했다. 박 대표는 매우 언짢아하면서 "비서실장이 왜 그런 일에 참견하세요"라고 했다. 그러나 나는 굽히지 않고 "어차피 언젠가는 사퇴하게 될 건데, 차라리 일찍 깨끗하게 사퇴하는 게 좋겠다"고 말했다. 정수장학회 이사장을 그만두면 좋겠다는 건의에 불쾌하게 반응하던 박 대표는 결국 그 해 2월에 이사장직 사퇴를 발표했다.

비서실장이 된 직후에도 비슷한 일이 있었다. 지금까지도 소위 3인방이라고 불리는 당시 박 대표의 4급, 5급 비서관들은 염창동 한나라당 당사에 오지 않고 국회 의원회관 545호(박근혜 국회의원의 사무실)에 근무하고 있었다. 나는 비서실장에 취임하고 당 사무처 직원들을 뽑아서 염창동 당사에서 함께 일하기 시작했는데, 박 대표의 보좌진들은 막상 매우 중요한 일들을 하면서도 당사 비서실에 위치하지 않고 의원회관에 따로 있다는 게 도무지 이해가 되지 않았다. 국회의원이 당 대표나 원내대표가 되면 당연히 그 보좌진들은 대표 사무실로 와서 근무하는 것이 상식이다. 군이 따로 있으면서 뭘 하겠다는 것인지, 구설이 나올 수도 있었다. 그래서 나는 박근혜 대표에게 이 사람들을 당사 비서실에 사무처 직원들과 같은 방에 두고 비서실장인 내가 지휘하겠다고 보고한 후 이들을 그 날부터 당사로 출근해서 일하라고 했다.

천막당사 시절을 끝내고 둥지를 튼 염창동 당사는 매우 협소했는데 이 사람들까지 합류하니까 그 좁은 비서실이 마치 무슨 독서실처럼 되어버렸으나 협소한 공간이 문제가 아니었다. 나는 비서실장이자 당 대표실의 군기반장이었다. 사실 박근혜 대표의 보좌진들은 국회의원들도 어려워하는 경향이 있었다. 박 대표가 직접 전화를 받지 않으니 통화라도 하려면 이들의 손을 거쳐야 했고 면담신청도 이들의 손을 거쳐야 했다. 그러니 의원들에게조차 버거운 비서들이었다. 그러나 대표의 보좌진들이라고 해서 특별 대우해 줄 이유가 전혀 없었다. 나는 일에 관해서만큼은 늘 엄격했다. 이들을 사무처 직원들과 똑같이 대하면서 지시했고 일이 어긋나면 혼도 많이 냈다. 박근혜 대표의 역대 비서실장 중 아마도 내가 가장 엄한 비서실장이었을 것이다. 이 3인방들은 그 후 나를 가장 어려워했다. 지금 그들이 나에 대해 어떤 생각을 할까?

당을 위해
재선거에 뛰어들다

그렇게 비서실장을 맡고 있던 중 10월 26일에 있을 대구 동구 을 재보궐 선거가 다가왔다. 박창달 의원의 선거법 위반으로 재선거를 치르는 지역이었다. 여당인 열린우리당에서는 노무현 대통령의 '절친'이라는 이강철 청와대 시민사회수석이 출마할 거라는 추측이 파다했다. 대구 시장이 테크노폴리스, 도시철도 3호선 등 현안 예산지원을 공개적으로 부탁할 정도로 막강한 실세로 알려져 있었다. 이미 대구에서는 여론 주도층과 일부 지역언론을 중심으로 힘 있는 대통령 친구를 국회에 보내야 예산도 많이 따오고 대구가 발전할 수 있다는 여론이 팽배해 있어서 열린우리당이 대구에서 첫 국회의원을 낼 거라는 기대가 높았다.

예상대로 열린우리당은 이강철 수석을 공천했다. 예산폭탄을 기대한 민심 때문이었는지 현직 대통령의 친구에 대한 기대감 때문이었는지 이강철 수석이 사표를 내고 본격적으로 선거에 뛰어들자 각종 여론조사에서 월등히 앞서 나갔다. 당시 한나라당에서는 이미 15명이나 공천을 신청했는데 누구를 내세워도 이강철 수석에게 크게 뒤진다는 여론조사 결과가 나왔다.

당시 나는 비례대표 국회의원을 1년 남짓 하고 있던 터라 지역구 재보궐 선거에 출마한다는 생각은 꿈에도 해본 적이 없었다. 15명이나 공천 신청을 했으니 당연히 이 분들 중에 후보가 나올 거라고 생각하고 있었다. 그리고 이미 17대 국회 지역구 공천과정에서 대구 수성갑에 출마하라는 김만제 전 의원의 권유가 있었던 데다 아버지의 지역구였던 중구에 출마하라는 공천심사위원회의 제안을 거절해 갈등을 겪었던 터라 비례대표를 그만두고 대구의 보궐선거에 나가겠다는 계획은 당연히 없었다.

당 지도부는 깊은 고민에 빠졌다. 텃밭인 대구를 빼앗겨서는 안 된다는 절박감이 커져갔다. 누구를 여론조사에 넣어도 진다는 결과만 계속 나오자 언론이나 당에서는 현역 의원인 내 이름을 거론하기 시작했다. 내 의지와는 상관없이 언론사들은 내 이름을 넣은 여론조사를 앞다투어 실시했고, 내 이름을 넣으면 박빙이지만 근소하게 이강철 전 수석을 앞선다는 여론조사 결과까지 나왔다.

이 선거를 무조건 이기고 봐야 하는 당 지도부로서는 다른 선택지가 없었던 모양이다. 어느 날 박근혜 대표가 찾는다고 해서 대표실에 갔더니 대표와 김무성 사무총장이 대뜸 나에게 "실장이 대구 동구 을 재보선에 출마해야겠다. 지금 공천 신청한 후보들로는 도저히 대구 선거를 이기지 못할 것 같다. 이번 선거는 절대 져서는 안 되는 선거다. 그러니 의원직을 사퇴하고 선거에 나가줘야겠다"라고 했다.

갑작스런 제안에 어안이 벙벙했다. 설마 정말 그렇게까지 결정하리라고는 예상치 못했었다. 그러나 당 대표와 사무총장은 이미 작심하고 하는 얘기 같았다. 17대 국회는 노무현 대통령 탄핵의 역풍 속에서 한나라당은 121석을 겨우 얻어 여대야소 상황이었다. 그런 상황에서 당의 심장인 대구마저 내줄 수 없다는 게 대표와 사무총장의 생각이었다. 멀쩡한 비례대표 의원을 그만두게 하고 지역구에 투입하겠다는 얘기는 무척 당혹스러웠다. 그러나 나는 오래 생각하거나 계산하지 않았다. 국회의원 배지에 별 미련도 없었고 선거 결과야 내 운명 아니겠나 생각했다. '좋다. 져도 그만이다'라는 마음을 먹고 "당이 나를 원한다면 선거에 나가겠다. 비례대표를 사퇴하겠다"고 답했다. 공천이 확정된 10월 5일 바로 대구에 가서 기자회견을 하고, 선거현장에 뛰어들어 21일 후의 선거를 치러야 했다.

열린우리당은 발끈했다. 국회가 회기 중이라 비례대표였던 나의 의원직 사퇴 여부는 국회법상 본회의 표결로 결정되어야 했다. 열린우리당의 어떤 의원은 "국회의원 되려고 국회의원을 사퇴하느냐"면서 강하게 비난했다. 2005년 10월 12일 국회 본회의에서 「국회의원(유승민) 사직의 건」이 찬반 표결(비밀투표)에 부쳐졌는데 총 246표 중 찬성 191표, 반대 53표, 무효 2표로서 가결됐다. 나는 대구에서 한창 선거운동을 하던 중에 국회에서 비례대표직 사퇴가 승인됐다는 소식을 들었다.

박근혜 대표는 지원유세를 왔다. 박 대표는 지원유세에서 "유 후보는 한나라당 최고의 젊은 인재입니다. 우리가 정권을 잡으면 장관, 총리, 대통령도 할 인물입니다. 유승민 후보가 무너지면 다가오는 대선도 무너집니다. 이러한 위급상황이라서 어쩔 수 없이 유승민 후보를 투입했습니다. 이번 선거는 단순히 국회의원 한 사람을 뽑는 재선거가 아닙니다. 한나라당과 나라의 앞날이 이번 선거에 달려 있습니다. 유승민 후보와 함께 자유민주주의를 수호하고 꼭 정권을 교체하겠습니다"라고 하면서 지지를 호소했다.

어떤 사람들은 "2005년의 10·26 대구 동구 을 선거에서 박근혜 대표의 도움을 받아 국회의원이 되었는데 그 은혜를 배신했다"고 한다. 그런 얘기는 뭘 모르고 하는 얘기다. 나는 당의 명령에 따라 비례대표를 1년 4개월 만에 사퇴하고 패배해도 좋다고 각오하고 불에 뛰어들었을 뿐이었다. 당이 공천한 후보의 선거를 당 대표가 지원하는 건 당의 수장으로서 당연히 해야 할 일 아닌가? 그것도 패색이 짙은 선거에서 꼭 이기기 위해 멀쩡한 비례대표 의원직을 사퇴시키면서까지 공천을 했는데 말이다. 나는 박근혜 대통령을 알고 난 이후 공천이든, 당직이든, 국회의원직이든 단 한 번도 나 자신의 자리를 부탁해본 적이 없었다. 그 분이 대통령이 된 이후에도 어지간한 국회의원들이 갔던 외국 특사 한 번 못 가본 사람이다.

2007년 이명박-박근혜 경선에서 박근혜 후보를 도운 것도 나 자신의 선택이었다. 당시 이명박 후보는 상당한 차이를 두고 앞서 나갔다. 한나라당 의원들은 이명박 후보의 승리를 기정 사실화하고 속속 이 후보에게 투항하고 있을 때였다. 그런 상황에서 나는 패배를 각오하고 박 후보를 돕기로 결심했다. 박근혜 캠프의 많은 사람들도 어차피 질 경선이고 이명박 후보가 대통령이 될 거라고 예상했다. 후환이 두려워 아무도 공격에 나서지 않았고 모두가 하기 싫어했던 최선봉에 내가 서야 했다. 이명박 대통령이 당선된 이후 나는 그 후유증을 감당해야만 했다.

정치에서는 동지(同志)라는 말을 흔히 쓴다. 동지란 '뜻이 같다'는 말이고 같은 가치를 추구한다는 말이다. 정치권에서는 그저 상투적으로 동지라는 말을 쓰지만, 나는 그 뜻을 새기며 이 단어를 참 좋아한다. 나는 그 분을 도왔을 때 단 한 번도 그를 주군(主君)이나 상전(上典)이라고 생각해본 적이 없었다. 나 자신을 한 번도 그의 부하, 하인이라고 낮춰서 생각해본 적도 없었다. 서로 동지 관계라고 믿었다. 나는 그런 민주적이고 수평적인 관계에 대한 신념을 가지고 정치를 해왔다. 나는 지금 4선 국회의원이지만 개혁의 뜻을 같이하면서 나를 도와주는 초선, 재선 국회의원들을 한 번도 내 부하나 아랫사람이라고 생각해본 적이 없다. 이 분들과 나는 서로를 신뢰하는 고마운 동지들이고, 동지이기 때문에 그들과 나는 수평적이다.

무엇이
'배신의 정치'인가?

다시 2015년 6월 25일로 돌아가본다. 배신의 정치……. 대통령이 국무회의 석상에서 여당 원내대표인 나를 향해 "배신의 정치를 국민들께서 심판해달라"고 말했을 때, 그 분과 나 사이에 있었던 10년의 세월들을 반추해봤다. 비록 권력자와 긴 갈등을 겪었지만 그건 오래전부터 서로 알고 있던 생각의 차이 아니었던가. 박 대통령도 나와의 관계에서 그 정도 차이는 인정할 거라고 나는 믿어왔다. 그래서 대통령의 입에서 '배신'이란 말을 들었을 때 대통령이 왜 그런 말을 갑자기 했는지 이해가 되지 않았다. 내가 바보같이 대통령에 대해 순진한 믿음을 가지고 있었던 게 분명해졌다. 그러나 잘못한 게 없으니 대통령의 말 한마디에 원내대표에서 물러난다는 건 있을 수 없는 일이었다.

6월 29일 새누리당 재선 의원 20명은 최고위원회의가 원내대표 사퇴 여부를 결정해서는 안된다는 성명서를 발표했다. 이 성명서에 동참한 분들은 그 날부터 회유와 협박에 시달려야 했다.

최고위원회 논의 과정에 앞서

- 새누리당 재선의원 20명의 성명서

메르스와 민생경제 악화로 국민의 안전과 생활이 위협받고 있는 가운데 정치는 급속히 경색되고 당청 갈등은 심화되어 국민을 불안하게 하고 있다.…… 원내대표는 당헌에 따라 의원총회를 통해 선출되었고, 최근 당·청 갈등 해소에 대한 약속도 있었다. 이런 민주적 절차를 통해 결정된 것을 의원들의 총의를 묻지 않은 채 최고위원회가 일방적으로 결정해서는 안 된다.

헌법과 법률, 새누리당 당헌에 나와 있듯 의회민주주의와 정당민주주의는 우리가 지켜야 할 최고의 가치이다. 금일 최고위원회 논의 과정에서 우리가 지키고 키워왔던 의회민주주의와 당내민주주의는 결코 훼손되어서는 안 된다. 특히, 당내 화합에 힘써야 할 최고위원회가 당내 분란의 빌미를 주어서는 더욱 안 된다.

국민의 아픔과 불안을 해소하기 위한 리더십이 필요할 때이다. 국정동반자인 당·청이 화합해야만 국정이 원활하게 운영될 수 있다. 지금 우리는 무거운 책임감을 가지고 오로지 국민을 위해 당내 화합과 원활한 국정운영을 회복시키고자 끝까지 노력할 것이다.

2015년 6월 29일

6월 25일부터 내가 사퇴한 7월 8일까지 13일 동안 언론은 나의 사퇴를 기정사실화하고 언제 물러날 것인가에만 온통 관심을 집중했다. 국회 원내대표실, 의원회관 사무실 앞에는 기자들이 진을 치고 카메라들이 몰려들기 시작했다. 나중에는 밤늦은 퇴근시간에 아파트 앞까지 기자들이 소위 '뻗치기'를 하기 시작했다. 무슨 죄를 짓고 검찰에 출두한 피의자도 아닌데 이따금 거칠고 무례한 질문도 있었다. 그러나 대부분의 젊은 기자들은 조용히 다가와서 용기를 주었고 그 때는 말하지 못했지만 참 고마웠다. 아파트 앞에서 몇 시간 동안이나 퇴근하는 나를 기다렸다가 막상 마주쳐도 별 얘기도 듣지 못하고 그 무더운 여름밤에 모기 때문에 고생한 기자분들에게는 지금도 미안하기 짝이 없다.

7월 8일 새벽 귀갓길에 빵봉지를 들고 아파트 1층 엘리베이터를 타려고 기다리고 있는 뒷모습.

내가 사퇴할 때까지 압박을 가하고 공개적으로 모욕을 주겠다는 친박들의 결심은 확고했다. 그리고 그들의 뒤에는 청와대가 어른거렸다. 나는 의원총회에서 사퇴하라고 결정하면 사퇴하겠다는 결심을 밝혔다. 그것만이 내가 사퇴할 수 있는 유일한 방법이라고 생각했다. 하루가 다르게 의원들의 분위기도 바뀌고 있었으니 의원총회가 열리면 사퇴로 결론이 나게 되어 있었다. 이렇게 사퇴 결심을 하고 대통령 비서실장에게 연락했다. "의원총회의 결정으로 사퇴할 결심을 했다. 대통령을 만나고 싶다. 면담시간을 잡아달라. 그동안 쌓인 오해도 풀고 싶고 또 민심도 전하고 싶다"고 했다. 박근혜 정부의 임기 절반이 지나고 절반이 남은 시점이었다. 사퇴하기 전에 대통령을 만나서 성공한 대통령이 되려면 남은 절반의 임기는 완전히 새롭게 해야 한다는 말을 꼭 하고 싶었다. 그러나 이 면담은 이루어지지 못했고 아직도 아쉬움이 남는다.

7월 8일 사퇴했다. 아침 일찍 국회로 출근해서 의원회관 사무실에서 기다렸다. 오전 일찍 시작된 의원총회는 정오가 넘도록 끝나지 않았다. 함께 일했던 원내 부대표들이 수시로 문자를 보내줘서 의총 상황을 파악할 수 있었다. 시간은 흐르고 있었다. 부대표 중 누군가가 "너무 억울하다. 끝까지 표결로 갑시다"라고 문자를 보냈다. 나는 말렸다. 이미 사퇴 결심을 했으니 의원들에게 부담을 주는 표결까지 갈 일이 아니었다. 그 날 의총의 결론은 '원내대표 사퇴 권고'였다. 당 대표로부터 그 말을 들은 직후 나는 국회 정론관에 가서 사퇴를 발표했다. 그렇게 내 정치 인생에서 가장 길고 힘들었던 13일이 지났다.

무엇이 배신의 정치인가? 진실을 말한 게 배신인가? 사실을 사실대로 말한 게 배신인가? 아닌 걸 아니라고 말한 게 배신인가? 잘못을 잘못이라고 지적한 게 배신인가? 인사가 잘못되었다고, 증세 없는 복지는 허구라고, 새누리당이라는 이상한 당명에 찬성할 수 없다고, 대통령의 미국 방문 때 청와대 얼라들이 잘못했다고, 대선공약으로 내세웠던 전작권 전환을 지키지 못한 사정을 국민에게 설명하고 이해를 구해야 한다고, 북한의 지뢰도발로 국군이 중상을 입은 바로 다음 날 왜 하필 대통령은 경원선 기공식에 가고 통일부장관은 남북고위급회담을 제안했냐고, 사드배치가 꼭 필요한데 왜 정부는 '3 NO'라고 하면서 안하고 있느냐고, 이런 것들을 지적한 게 과연 배신인가?

나에게 "왜 더 강하게 지적하지 않았냐?"고 질책한다면 나는 인정하고 받아들이겠다. 그러나 나에게 "왜 그걸 지적했냐?"고 한다면 나는 결코 받아들일 수 없다. 서슬이 시퍼런 권력 앞에서 여당의 누구도, 심지어 야당과 언론도 권력의 눈치를 보느라 지적하지 않았던 문제들을 나는 지적했을 뿐이다. 나는 정치를 하면서 누구에게도 자리를 바라고 아부한 적이 없었다. 박근혜 대통령에게도 나 자신의 욕심을 위해 무언가를 부탁해본 적이 한 번도 없었다. 그런 건 내 방식이 아니었다. 난 평생을 살아오면서 자리에 욕심을 부린 적이 없었다. 늘 '자리냐, 자유냐, 둘 다 가질 수는 없다'라고 생각하면서 살아온 나였다. 그저 '제발 잘하시라'고 말했을 뿐이다.

대통령제가 발달했다는 미국에서 만약 오바마 전 대통령이 민주당의 원내대표가 마음에 안 든다고 배신의 정치라고 질책하고 사퇴하라고 압박을 가한다면 그건 필시 세계적인 조롱거리가 될 것이다. 무슨 왕국도, 독재국가도 아니고 민주국가에서 다른 생각을 말하고 비판하는 것을 권력자가 배신의 정치라고 말할 수 있나?

기록을 위해서 그 무렵의 세 개의 칼럼과 기사를 말해두고 싶다. 하나는 7월 2일자 《조선일보》에 양상훈 논설주간이 쓴 「여왕과 공화국의 불화」이다. 대부분의 언론이 대통령에 대해 입을 다물고 있을 때 이런 칼럼을 썼다는 게 놀라웠다. 또 하나는 7월 3일자 《매일신문》에 철학자인 이진우 포스코교육재단 이사장이 쓴 「배신의 정치와 정치의 배신」이다. 청와대가 진노했는지 이진우 교수의 칼럼은 인터넷에서 곧 사라졌고 이진우 교수는 석연치 않은 이유로 포스코교육재단 이사장 자리에서 물러났다. 양상훈 주간의 칼럼도 한동안 인터넷 뉴스에서는 검색이 안 되고 블로그에서만 볼 수 있었다. 만약 권력의 압력이 작용했던 것이라면 참으로 서글픈 일이다. 마지막 하나는 7월 11일자 《한겨레》의 커버스토리 기사 「대통령에게 맞선 자」이다.

朝鮮日報

여왕과

양상훈 칼럼

논설주간

"

박 대통령 모습이
군림하는 王 같다면
대통령과 국민이
다른 시대를 사는 것
여왕이 나라 걱정해도
不通일 수밖에 없다

"

박근혜 대통령 계파였다가 결국 등을 지게 된 사람은 많다. 박 대통령의 서울 삼성동 집에서 처음으로 '친박'을 결성했을 때의 멤버 70%가 등을 돌렸다고 한다. 그 사람들이 공통적으로 하는 얘기는 "박 대통령은 우리를 신하(臣下)로 여긴다"는 것이다. 박 대통령은 이 얘기를 어떻게 생각할지 모르겠지만 그들은 그렇게 느꼈다는 것이다. 당 대표와 따르는 의원이 왕과 신하 같았다면 대통령이 된 지금은 아랫사람들이 어떻게 느낄지 짐작하기 어렵지 않다.

사실 박 대통령은 보통 사람들 상식으로는 잘 납득할 수 없는 모습을 보일 때가 적지 않다. 그는 초선 의원으로 당선되자마자 비서실장을 두었다. 당의 최고간부인 사무총장이나 정책위의장도 비서실장을 두지 않는다. 당 대표만 비서실장을 둔다는 사실을 모르지 않았을 텐데도 굳이 비서실장을 두었다. 전무후무할 일이었다. 박 대통령은 '나는 너희와는 다르다'는 생각을 갖고 있었던 것일까.

열렬 친박이었다가 완전히 갈라선 사람이 전하는 말에도 믿기 힘든 내용이 있다. 과거 그 의원이 박 대표를 모시고 차를 타고 이동할 때 박 대표 옆자리에 앉았다고 한다. 그랬더니 박 대표 비서들이 앞으로는 운전석 옆 흔히 조수석이라고 부르는 자리에 앉으라고 하더라는 것이다. 일반적인 당 대표와 의원 사이라면 상상할 수 없는 얘기다.

박 대통령은 대표 시절 아무리 국회의원이라고 해도 밖에서 자율적으로 말하는 것을 싫어했다. 언론에 '모 의원'이라고 이름을 밝히지 않고 무슨 말을 하면 끝까지 그게 누군지 찾아내 전화를 걸었다. "왜 그렇게 말씀하셨어요?" 이런 전화 한두 번 받게 되면 다들 입을 다물었다고 한다. 그런 사람들이 시간이 지나면서 하나둘 박 대통령 옆을 떠났다. 한 사람

「여왕과 공화국의 불화」, 2015. 7. 2. 조선일보 34면, 양상훈 논설주간.

공화국의 불화

은 "내가 머슴 같다는 생각이 들었다"고 했다. 박 대통령이 말을 하면 모두 일제히 받아 적는 모습이 보기 좋지 않다는 지적이 나온 적이 있다. 박 대통령은 잘 이해하지 못했다고 한다. 대통령이 하는 말을 다 받아 적는 게 뭐가 이상하냐는 생각이었을 것이다.

박 대통령 주변엔 신비주의가 있다. 대통령이 언제 출근하는지, 지금 어디에 있는지 청와대 비서실장도 모를 때가 있다. 세월호 사고 때 그렇게 혼이 나고도 메르스 사태 때 또 담당 장관이 대면 보고를 하는 데 6일이나 걸렸다. 사람들은 대체 왜 그러는지 이해를 못 하겠다고 답답해한다. 그런데 대통령과 장관의 관계가 아니라 왕과 신하의 관계라고 생각하고 이 모든 일들을 보면 이상하지 않다.

전(前) 비서실장 시절 수석들은 업무보고를 대통령이 아닌 비서실장에게도 했다고 한다. 그 비서실장은 "윗분의 뜻을 받들어"와 같은 왕조시대 용어를 써서 대통령을 받들었다. 그러니 대통령과 장관·수석 사이는 군신(君臣) 관계라고 해도 과언이 아닐 정도로 벌어졌다. 대통령이 장관의 태도가 마음에 들지 않는다면 경질하면 그만이다. 그러지 않고 사상 초유의 면직 발표까지 한 것은 대통령이 법률상 임면권을 행사한 것이 아니라 부하나 신하의 불충(不忠)을 응징한 것이다.

박 대통령은 충성스러운 지지자들을 갖고 있다. 거의 무조건적인 지지다. 박 대통령이 과거 선거 유세에 나가면 어디서나 열렬한 환호에 휩싸였다. 전라도에서도 사람들이 뛰어나와 '박근혜'를 보려고 몰려들었다. 미장원에서 파마를 하다 그대로 달려나와 소리를 지르는 사람도 있었다. 정치적 지지가 아니라 애정에 가까웠다. 박 대통령 가문(家門)을 향한 애잔한 마음도 섞여 있다. 이런 정치인은 그 말고

는 아무도 없다. 박 대통령이 '나는 일반 정치인이 아니다'는 생각을 할 만도 하다.

박 대통령은 열두 살 때 청와대에 들어가 18년간 물러나지 않을 것 같은 통치자의 딸로 살았다. 그를 '공주'라고 부른다고 해서 이상할 것이 없는 시대였다. 나중에는 퍼스트레이디의 역할까지 했다. 열두 살부터 서른 살까지의 생활이 사람의 인격 형성에 어떤 영향을 미치는지는 모두가 안다. 박 대통령은 청와대에서 나온 뒤 18년간은 사회와 사실상 분리된 채 살았다. 공주에서 공화국의 시민으로 자연스럽게 내려올 수 있었던 그 기간을 일종의 공백기로 보냈다. 박 대통령이 당선된 다음 날 언론은 '대통령의 딸이 대통령 됐다'고 썼지만 박 대통령을 잘 아는 사람들 중에는 그때 이미 "공주가 여왕 된 것"이라고 말하는 사람들이 있었다.

박 대통령의 불통(不通) 논란에 대해 어떤 이는 '왕과 공화국 사이의 불통'이라고 했다. 대통령과 국민이 다른 시대, 다른 세상을 살고 있다는 얘기인데 작은 문제가 아니다. 사람들이 국회의원이라면 진저리를 치는데도 박 대통령이 국회 원내대표를 배신자라며 쫓아내는 데 대해서만은 부정적 여론이 높다고 한다. 왕이 군림하는 듯한 모습을 본 공화국 시민들의 반응이다.

박 대통령이 여왕이라고 해도 개인 이익을 추구하는 왕이 아니라 종일 나라를 생각하는 왕임에는 틀림없다. 그러나 지금 이 시대는 아무리 나라 걱정을 하고 잘해 보려고 해도 그게 옛날 제왕식이면 통하기 어렵다. 이번 일로 참 많은 지식인이 환멸을 느끼는 걸 보았다. 몸에 밴 사고 체계와 스타일을 바꿀 수 없다면 '인자하고 겸허한 여왕'이기라도 했으면 하는 바람이다.

毎日新聞

소리와 올림

이진우
포스코교육재단
이사장

1956년 경기도 화성생. 연세대 독문과.
독일 아우크스부르크대 철학박사. 계명
대 총장.

배신의

요즘 말 한마디가 온 나라를 뜨겁게 달구고 있다. "배신의 정치." 박근혜 대통령이 지난달 25일 국회법 개정안에 대한 거부권을 행사하며 정치권을 질타한 말이다. 박 대통령의 국무회의 발언은 "신뢰를 어기는 배신의 정치는 결국 패권주의와 줄 세우기 정치를 양산하는 것으로 반드시 선거에서 국민이 심판해 주셔야 할 것"이라는 말로 압축된다. 경직된 얼굴, 평소보다 높은 목소리톤, 그리고 도덕적 어휘들. 이제는 더 이상 낯설게 느껴지지 않을 정도로 박 대통령의 트레이드 마크가 된 투사형 발언으로 여야를 싸잡아 한국의 의회정치를 '배신의 정치'로 낙인찍은 것이다.

여기서 국회법 개정안이 위헌의 성격이 있는지 없는지, 대통령의 거부권 행사가 정당한지 아닌지를 논할 생각은 추호도 없다. '배신의 정치'라는 대통령의 말은 이미 모든 논의를 무의미하게 만들었기 때문이다. 철학자인 나의 관심을 끄는 것은 이 말의 속뜻이다. 무엇이 도대체 배신의 정치인가? 겉보기에 이 말의 의미는 분명하다. '배신의 정치'는 첫째, 선거 때는 표를 구하고 선거 후에는 당리당략만 일삼는 것처럼 "신뢰를 보내준 국민들에게 정치적 신의를 지키지 않는 것"을 의미한다. 다른 한편으로, 당의 후보들이 선거에서 당선될 수 있도록 도와줬지만 돌아온 것은 "도덕적 공허함"뿐이라는 것을 보면 지원에 대한 보답의 불이행이 배신의 정치로 들린다.

배신(背信)은 글자 그대로 믿음이나 의리를 저버리는 행위를 말한다. 추상적인 우리말보다는 영어 낱말은 조금 더 구체적이다. 추정된 계약이나 신뢰를 침해함으로써 개인들 또는 개인과 집단 사이의 심리적, 도덕적 갈등을 야기하는 행위가 바로 배신이다. 사회적 관계를 맺으면 우리는 상호 지켜야 할 일종의 계약이나 약속 같은 것이 있다고 추정한다. 사랑하는 사람이 다른 사람과 바람을 피우든가 자기가 소속된 집단의 편을 들지 않고 적을 이롭게 하는 것처럼 추정된 약속을 지키지 않으면 배신하는 것이다.

「배신의 정치와 정치의 배신」 2015. 7. 3. 매일신문 34면, 이진우 포스코교육재단 이사장.

정치와 정치의 배신

그렇다면 누가 무엇을 배신했다는 말인가? 배신이라는 낱말을 정치에 적용하면, 간단명료한 낱말이 복잡해진다. 박 대통령의 첫 번째 정의에 따라 국민의 신뢰를 저버리는 것이 정치적 배신이라면, 우리는 누가 국민의 신뢰를 깼는지를 따져 물어야 한다. 여야를 막론하고 국회가 정부의 경제 살리기에 아무런 협조를 하지 않았다는 것을 보

대통령, 국민 배신한 주체로 국회 지목
의회와 대화·타협 거부가 정치의 배신
정치 본질은 민주고 정치 배신은 독재
누가 국민의 신뢰 깼는지 따져 물어야

면, 대통령은 국민을 배신한 주체로 국회를 지목하고 있음이 틀림없다. 대통령 자신은 오로지 국민만을 바라보고 정치를 하는데 여야 정치인은 "개인이 살아남기 위한 정치"를 하고 있다고 한다.

국민의 이름으로 정치를 질타하는 대통령의 정치는 도대체 어떤 정치인가? 정치의 본질은 민주다. 대통령이 위기 때마다 전가의 보도처럼 입에 올리는 국민은 누구인가? 국민이 직접 정치에 참여할 수 없을 뿐만 아니라 너무나 다양해서 국회의원으로 하여금 민의를 대변하게 하는 것이 의회 민주주의의 근본이다. 대통령이 직접 대화하겠다는 국민은 실체가 없다. 다양한 의견과 관점을 가진 시민들만 있을 뿐이다. 그렇기 때문에 다수결의 민주적 원칙에 따라 당선된 대통령은 임기 동안 다양한 의견을 대변하는 국회의원과 끊임없이 대화하고, 때로는 설득하고 때로는 타협하면서 정부를 이끌어 가야 한다. 그것만이 민주주의에서 정당화될 수 있는 정치다. 만약 그 어떤 대화나 타협도 거부하고 의회를 무시한다면, 그것이야말로 국민을 이용하는 '정치의 배신'이다.

둘째, 배신이라는 낱말을 최고 권력자가 사용하면 그 뜻이 완전히 달라진다. 대통령이 정치를 "자기의 정치철학과 정치적 논리에 이용해서는 안 된다"고 말한다면, 그것은 오직 내 뜻만을 따라야 한다는 말로밖에 들리지 않는다. 권력자가 "배신의 정치"라는 낱말을 내뱉는 순간 어딘지 모르게 권위주의적 보복의 냄새가 나는 것은 이 때문이다. 그런데 자기와 같은 생각만 하도록 하고 다른 목소리를 내지 못하도록 하는 것이야말로 '정치의 배신'이 아닐까? 정치의 본질이 민주고 정치의 배신이 독재라면, 누가 정말 배신의 정치를 하는 것인가?

「대통령에 맞선 자」 2015. 7. 11 한겨레 1면.

아버지의 죽음과
20대 총선

원내대표를 사퇴한 직후 대구에 갔다. 막내아들을 걱정하시는 어머니를 안심시켜드려야 했고, 병원에 누워 병색이 짙어만 가는 아버지를 뵈야 했다. 그리고 내가 어떤 어려움에 처해도 나를 믿고 지지해준 지역구의 동지들을 만나야 했다. 담담하게 동지들에게 그 간의 사정을 보고하고 울음을 참지 못하는 동지들의 어깨를 감싸줘야 했다. 그러고는 한참 동안 그냥 멍했다. 양쪽 다리 무릎 밑 장딴지가 벌겋게 퉁퉁 붓고 아파서 경북대 병원에 갔더니 의사가 면역체계에 문제가 있다고 하면서 스테로이드제를 처방해줬다. 독한 약을 오래 먹어도 쉽게 낫지 않아 한동안 고생했다.

이런 일로 정치를 그만둘 생각은 전혀 없었으니 선거를 치러야 했고, 이듬해 총선이 가까워지면 내 공천이 문제가 될 건 뻔했다. 원내대표를 사퇴하면서 마음속으로는 공천 받는 건 일찌감치 포기했다. 무소속으로 출마해서 대구에서 당선되려면 더 열심히 발로 뛰는 수밖에 없다고 마음을 정리했다.

원내대표를 사퇴한 뒤 주말이면 대구 지역구에 내려가서 주민들을 만나며 시간을 보냈다. 대구 분위기는 얼음같이 싸늘했다. 2012년 대통령 선거에서 80% 투표, 80% 득표라는 전무후무한 기록으로 박근혜 대통령 당선에 앞장섰던 대구였으니 대통령이 '배신의 정치'라고 지목했던 나에 대한 일부 시민들의 반감은 컸다.

내 지역구인 대구 동구 을은 광역시가 되면서 대구에 편입된 지역이라 농촌과 도시가 함께 있는 곳이다. 불로시장과 반야월시장이라는 제법 큰 5일장이 두 곳 있는데 장날이면 이 곳에 가서 많은 주민들을 만났다. 나에게 욕을 하면 피하지 않고 조용히 듣고 나에게 왜 그랬냐고 물어오면 설명을 해드렸다. 그렇게 그 해 가을과 겨울을 다녔더니 주민들의 마음이 조금씩 열리고 풀어지기 시작했다.

어느 날 비가 오는데 팔공산 동네에 갔다가 내려오는 길에 잘 알고 지내던 불로동의 자동차 정비소 주인 부부에게 인사를 하려고 차를 세웠다. 마침 그 곳에 택시 운전기사 한 분이 계셔서 인사하고 악수를 청했더니 내 손을 차갑게 뿌리치고 다짜고짜 반말로 심한 욕설을 퍼부었다. 뭐라고 말해도 통하지 않을 것 같아 그냥 듣기만 했더니 주인 부부가 민망했던지 나를 데리고 가게 안으로 들어갔다. 그 이듬해 초쯤인가 어떤 건물에서 행사가 있어서 인사를 드리고 나오는 길에 계단에서 웬 중년의 남자가 나를 자꾸 쳐다보더니 가까이 다가와서 어렵게 말을 건넸다. "나를 알아보겠소?" 얼굴을 쳐다봐도 어디서 봤는지 금방 기억이

나지 않았다. 머뭇거리고 있는데 그 분이 "지난번 불로동 카센터 가게에서 봤던 택시 기사인데 기억 안 나요? 그 때는 기사 옷을 입고 있었고 오늘은 쉬는 날이라 옷차림이 이래서 못 알아볼 겁니다만……. 그 날 참 미안했어요. 내가 너무 심했어요. 지나고 나서 곰곰이 생각해보니 의원님이 옳았던 거 같아요. 그 날 욕을 하고 나서 몇 달간 미안해서 내 마음이 정말 불편했는데 오늘 여기서 이렇게 만났네요. 정식으로 사과 드리니 받아주세요." '아, 그 때 그 분이구나.' 반갑기도 하고 그가 해준 말에 내 마음이 편해졌다. "아닙니다. 제가 요즘 욕을 많이 먹고 다닙니다. 그렇게 저를 이해해주시니 제가 고맙습니다." 이렇게 말하고 악수를 했다. 그 분은 오랫동안 손을 잡고 말이 없었다.

　8월부터 대구에 자주 간 건 선거준비 때문이었지만 갈수록 악화되는 아버지 병세 때문이기도 했다. 평소 효도를 제대로 못한 막내아들로서 아버지가 살아계실 때 한 번이라도 더 보고 싶고 손이라도 잡고 싶었다. 아버지는 10년 넘게 치매를 앓고 계셨는데 어머니가 손수 간병을 하겠다고 고집하셔서 대명동 집에 계속 모시고 있었다. 그러다 어느 날 갑자기 패혈증으로 응급실에 가시게 된 뒤로는 영영 집에 오실 수 없었다. 폐렴 치료로 병원에 모셨다가 증세가 나아지면 요양병원으로 모시고, 이 두 곳을 몇 번씩 오가는 생활이 계속되었다. 낮에는 선거운동을 하고 주로 밤에 아버지 얼굴을 뵙고 지역구 집에 돌아오는 날들이 이어졌다. 아버지는 열이 내리고 정신이 맑아지면 자꾸만 대명동 집에 가고 싶다고 하셨다. 고향인 경북 영주 용상리(龍上里) 어와실(御臥室)에 가고 싶다는 말씀도 가끔씩 하셨다. 아버지의 남아 있는 기억 속에는 내가 국회의원이 되고 국방위원장이 된 기억이 마지막 기억이었다.

병상의 아버지는 기분이 좋은 날에는 노래를 부르셨다. 밥을 목으로 못 넘겨서 위에 관을 꽂아 식사를 공급하는 상태로 누워계시는 아버지는 힘에 겨워하면서도 노래를 불렀는데 꼭 2절까지 부르셨다. 평생 친구와 노래를 그토록 좋아했던 아버지다우셨다.

나는 "우리 아부지 정말 노래 잘하신다"라고 웃어드렸지만, 아버지의 그 노래를 듣는 게 너무 슬펐다. 〈홍도야 우지마라〉, 〈이정표〉, 〈유정천리〉, 〈철수야 내 아들아〉, 〈돌아가는 삼각지〉, 〈경북고 교가〉, 〈고려대 응원가〉, 할머니 자작곡이 아버지가 즐겨 부르시던 노래들이었다. 누군가 나에게 아버지 정신이 맑으실 때 꼭 귀에다 입을 대고 '사랑한다'는 말을 하라고 말해줬다. 생각해보니 여태 살면서 아버지께 한 번도 사랑한다는 말을 해드린 적이 없었다. "아부지, 힘드시니까 이제 노래는 그만하셔요. 아부지, 제가 아부지 사랑하는 거 아시죠. 아부지, 사랑해요." 이렇게 말했다.

중2 수학여행 갔을 때 부산 용두산 공원에서 아버지와 함께.

대구 대명동 집에서 아버지와 함께.

아버지는 박정희 정권 때 법복을 벗었다. 대법원 재판연구관 시절을 제외하고는 줄곧 대구법원에 계셨다. 아버지는 내가 중학교에 입학하던 해 부장판사가 되어 부산 법원으로 가셨다. 대구 대륜중학교에 다니던 나는 중2 때 수학여행을 부산과 통영으로 가게 되었는데 아버지가 나를 데리고 용두산 공원에 올라가 멀리 부산 앞바다를 보여주고 공원의 사진사에게 부탁해서 나를 껴안고 사진을 찍어주신 기억이 지금도 생생하다.

부산 법원 부장판사 시절의 아버지는 1971년 여름과 가을에 세 건의 재판에서 박정희 정권의 미움을 결정적으로 사게 되었다. 그 해 7월에는 부산 진구의 국회의원 선거에서 개표소를 부수는 난동을 부렸던 공화당 당원들을 법정구속했고, 그 해 8월에는 4월 27일 있었던 제7대 대통령 선거에서 공화당 박정희 후보의 울산지역 개표 결과를 조작한 울산시장과 울산시 공무원들을 법정구속하는 판결을 내렸다. 또 그 해 10월에는 반정부 시위를 주도했던 당시 부산대 정외과 4학년이었던 총학생회장 김정길을 석방했다. 이 판결로 아버지는 박정희 정권으로부터 단단히 미움을 사게 되었고, 그 이듬해 10월 유신헌법이 공포된 후 정권에 반하는 판결을 내린 법관 44명이 재임명에서 탈락되었을 때 이 해직판사들과 함께 법복을 벗으셨다.

2015년 11월 9일 JTBC 〈정치부회의〉에서 「유수호 별세로 재조명되는 1971년 소신 판결」이라는 내용으로 방송이 나왔다.

그 때 재임명에서 탈락한 최영도 변호사님은 아버지가 돌아가신 직후의 인터뷰에서 아버지를 이렇게 회상하셨다.

"올곧은 판사로 소신 있게 재판을 했던 사람이지요. 사법파동 때 부산에 동조하는 판사들의 대표가 돼서 회의를 열고 또 사표를 제출하고 하는 데 주동적인 역할을 한 분이 유수호 판사님이에요. 그렇게 해서 (정권이) 대단히 심기가 불편해진 모양이에요. '판사실을 도청하겠다, 그리고 무죄판결을 내리면 용공판사다', 이런 식으로 나왔지요."

김정길 전 행자부 장관은 이렇게 회상하셨다

"그 때 아마 유신 직전이거든요. 그 다음 해 유신을 하지 않습니까? 학생운동에 굉장히 정부가 민감할 때인데, 그 때 유수호 부장판사님께서 그래도 그렇게 쉽지 않은 판결을 해주셔가지고 저는 큰 은혜를 입었습니다."

아버지가 재임명에서 탈락한 1972년에 나는 중학교 3학년으로 진학해서 고교 입시를 앞두고 있었다. 아버지와 형의 모교인 경북고에 진학하려고 입학시험을 준비하고 있었는데, 어느 날 어머니는 아버지의 재임명 탈락을 전혀 예상하지 못했는지 "다음 인사 때 아버지가 서울 법원으로 가시게 되면, 승민아 너도 경기고로 진학해서 아버지와 같이 서울 갈래?"라고 내 의견을 물었다.

평소 빈말을 안 하시는 어머니라서 갑자기 머리가 아파왔다. 친구들도 모두 대구에 있는데, 서울은 가기 싫은데, 경기고에 가면 서울내기들이 내 사투리를 얼마나 놀려댈까, 이런저런 걱정에 "어무이, 나는 서울 가기 싫어. 누나도 대구 있잖아. 그냥 경북고 가면 안돼? 아부지가 서울 가시면 엄마 혼자 가면 안돼?"라고 했다. 아마 그 때 나와 같은 중

3인 엄마 친구 아들 김태성이 경기고 입시를 준비했는데 어머니께서는 태성이 생각에 나도 아버지와 함께 서울 가서 경기고에 진학하면 좋겠다는 생각을 하셨을지도 모르겠다는 생각이 든다. 나의 '엄친아'였던 태성이는 결국 나중에 서울대 경제학과에 같이 입학했고 우리는 그렇게 다시 만났다. 1983년 내가 미국 위스콘신대학교로 유학을 갔던 해 태성이는 미네소타대학교로 유학을 가서 박사학위를 하고 서울대 경제학과 교수가 되었다. 참 성격 좋고 정말 훌륭한 경제학자였는데 너무나도 젊은 나이에 세상을 떠났다. 김태성 교수의 죽음을 안타까워 한 많은 분들이 김태성 기념세미나, 김태성 장학금, 김태성 기념논문상을 만들어서 일찍 간 김 교수를 추모했다.

경기고 입시를 준비하는 해프닝은 아버지의 재임명 탈락으로 없던 일이 되었다. 아버지가 재임명에서 탈락되던 날 어머니는 종일 슬프게 우셨고, 누나, 형도 모두 침울한 분위기였다. 나는 어머니와 누나, 형 눈치를 보면서도 속으로 서울에 안 가도 된다는 사실에 기분이 나쁘지만은 않았다. 그 땐 그만큼 철이 없었나 보다.

아버지는 할아버지의 막내, 나는 아버지의 막내였다. 아버지는 법정에서는 대쪽판사였는지 몰라도 막내인 나한테는 재미있는 농담도 곧잘 하신 친구 같은 아버지였다. 중학교 다닐 때 아버지와 단 둘이 무협영화를 보러 간 기억이 난다. 사랑하는 가족을 잃은 주인공이 정의의 복수에 성공하는 무협영화였는데 아버지는 영화를 보고 난 후 "승민아. 너도 의협심을 가져라. 남자가 절대 비굴하면 안 된다"라고 말씀하셨

돌 때 가족사진. 어머니 무릎에 안긴 아이가 나.

다. 그 시절 내 어린 눈에는 아버지와 홍콩 영화배우 왕우가 얼굴이나 체격이 매우 닮았다는 생각이 들었는데, 요즘 아버지의 젊은 시절 사진을 꺼내보면 참 많이 닮은 모습이다.

아버지는 2015년 11월 7일 돌아가셨다. 10월 말 어느 날도 평소와 마찬가지로 요양병원에 계신 아버지를 뵈러 갔는데 내가 왔다고 눈을 번쩍 뜨면서 좋아하시더니 갑자기 열이 나고 상태가 급격히 나빠지셨다. 구급차를 불러 경북대 병원 응급실로 모시고 갔다. 그 날 이후 아버지는 거의 의식을 회복하지 못하셨다. 나는 선거운동을 중단하고 형, 누나와 번갈아 병실을 지켰다. 가끔씩 괴로우신지 눈빛으로만 말씀하시는 것 같았다. 11월 7일 밤늦은 시간에 식구들이 다 모여 아버지의 임종을 지켰다. 돌아가시기 전에 나는 아버지 귀에다 입을 대고 "아부지, 많이 힘드시죠. 아부지, 사랑해요" 이 말을 해드렸다.

장례는 4일장으로 정했다. 많은 분들이 조문을 오셨다. 조문객들이 끊이지 않아 장례 기간 내내 꼬박 서서 조문객들을 맞이했다. 오래전 아버지께서 직접 준비해두신 경북 영주 풍기 소백산 기슭의 산에 아버지를 모셨다. 대통령 조화가 오지 않았다고 언론은 그것만 집중적으로 보도하면서 아버지와 박정희 대통령, 나와 박근혜 대통령의 2대에 걸친 불화라고 보도했지만, 정작 나는 아버지 생각 외에는 아무 생각도 나지 않았다. 나는 정치인의 상가에 조문 갈 때 상주와 정치 얘기는 하지 않는 게 예의라고 생각한다. 아버지 삼우제를 지내고 나는 다시 선거 현장으로 돌아갔다.

공천 학살과 함께 '보수개혁'도
학살당하다

그 이듬해 총선이 가까워지자 새누리당에 '진박'과 '감별사'들이 나타나기 시작했다. 10년간 별의별 '○박'들을 다 봤지만 진짜 친박이라고 주장하는 '진박'이 등장한 것은 처음이었다. '진박'은 대구에 특히 많이 등장했는데 나와 가까운 의원들의 지역구에는 빠짐없이 진박이 등장했고, 그 중에는 복수의 진박들이 서로 자기가 진짜 진박이라고 말하고 다니는 모습도 보였다.

어느 날 대통령과 가깝다는 진박 6명이 빨간 점퍼를 입고 앞산에 있는 한 식당에서 따로국밥을 먹는 사진이 신문에 대문짝만하게 실렸다. 그 사진을 본 나는 그 많은 식당들 중에 하필이면 그 식당이라 마음이 쓰렸다. 나에게 그 식당은 아버지의 기억들이 서린 곳이었다. 아버지는 아침마다 앞산에 등산하고 꼭 그 식당에 들러 선지국과 막걸리를 드셨다. 치매가 오고 나서도 한동안 계속 거길 가셨는데 식당의 주인 아주머니와 일하시는 아주머니들은 갑자기 옛날 이야기를 불쑥 꺼내시곤 하는 아버지를 아무 내색하지 않고 잘 대해주셔서 정말 고마웠다.

내 공천 문제는 갈수록 시끄러워졌다. 이한구 의원이 공천관리위원장이 되었고 청와대 주문대로 공천관리위원들이 선출되었다. 2월 26일 면접하러 여의도 새누리당 당사 6층에 갔다. 공천관리위원들은 1년 전 나의 국회 대표연설을 문제 삼아 새누리당과 정체성이 다르지 않느냐고 공격해왔다. 예상했던 질문이라 나는 면접 전에 새누리당의 정강정책을 몇 번 읽어봤는데 나의 대표연설이 새누리당의 정강정책과 너무나 똑같다는 사실에 나 자신이 새삼스럽게 놀랐다고 말했다.

"우리 당의 정강정책을 공천관리위원님들께서 읽어보셨는지 모르겠지만, 제가 몇 번을 다시 읽어보고 이 자리에 왔습니다. 대표연설이 새누리당의 정강정책과 너무나 똑같고 차이점이 조금도 없다는 점을 확인했습니다. 시간을 주시면 하나씩 설명드릴 수도 있습니다."

그랬더니 이번에는 내가 대표발의하고 새누리당 국회의원 66명이 공동발의한 「사회적경제기본법(제정안)」을 물고 늘어졌다. 나는 "미국 캘리포니아의 선키스트, 세계적인 통신사인 AP통신, 유명한 축구클럽인 FC바르셀로나가 전부 자본주의 시장경제를 하고 있는 나라들의 협동조합인 것을 아십니까? 사회적경제는 결코 사회주의가 아니라 우리보다 훨씬 앞서 성공한 선진국에서는 자본주의 시장경제의 결함을 보충하기 위해서 이미 다 하고 있는 제도입니다. '사회'라는 단어 때문에 사회적경제를 사회주의라고 비난하는 것은 사회적경제를 모르고 하는 말씀입니다"라고 답했다.

원내대표에서 물러났을 때 국회법 파동 질문에 대해서는 "박근혜 정부 최고의 업적이 그나마 공무원연금개혁이라고 정부 스스로 말하고 있지 않습니까. 저는 원내대표로서 박근혜 정부의 성공을 위해 공무원연금개혁을 성사시키기 위해 국회법을 통과시켰고 지금도 국회법이 위헌이 아니라는 생각에는 변함이 없습니다"라고 답했다. 그들은 할 말이 없었는지 더 이상 묻지 않았다.

공천을 못 받을 수 있다는 각오는 진작부터 했지만, 면접을 마치고 나니 저 사람들이 대체 무슨 핑계를 대고 공천을 안 할 것인지 궁금했다. 그런데 나의 공천 여부에 대해서는 결정을 차일피일 미루더니 나와 친했다는 이유만으로 새누리당에서 가장 개혁적인 의원들에 대한 공천 학살부터 시작했다. 나와 보수개혁의 뜻을 같이했다는 이유만으로 경선의 기회조차 없이 공천 학살 당한 현역의원들을 생각하면 가슴이 너무 아팠다. 이건 해도 너무하다는 생각이 들었다. 2008년 친이계가 친박계를 공천 학살 했던 때에도 이렇게 무자비하게 숙청을 하지는 않았다. 내 인생에서 가장 괴로운 시간이 찾아왔다.

3월 15일 가까운 의원들에 대한 공천 학살 뉴스를 듣고 나는 선거운동을 중단하고 종일 집에 처박혀 있었다. 공천 학살을 당한 의원들에게 일일이 전화를 해서 나 때문에 희생을 당하게 되어 너무 미안하다고 사과했다. 이 분들에게 큰 빚을 졌다. 밤을 뜬 눈으로 새고 이튿날 새벽 일찍 비서 한 명만 데리고 무작정 대구를 떠났다. 어디로 갈지 정하지도 않고 무작정 포항 쪽으로 갔다. 영덕의 바닷가 펜션에 숙소를 정하고 틀어박혔다. TV를 켜니 종일 공천 학살 뉴스뿐이었다. 천천히 생각을 가다듬었다. 동지들과 계속 대화를 했다. 그들의 공천을 되돌리기 위해 내가 할 수 있는 일이 없었다. 이한구 공천관리위원장은 연일 언론에다 내가 자진 탈당하기를 촉구했다. 깡패들도 저런 식으로 하진 않을 거라는 생각에 끝까지 가보기로 마음을 정했다. 영덕에 머문 7박 8일 동안 많은 분들로부터 많은 말씀을 들었다. 때로는 나 스스로 마음이 흔들리기도 했다. 탈당도 생각해보고 정치를 그만둘 생각도 해봤다. 동해 바람을 맞으면서 흔들리는 나 자신을 붙들었다. 3월 23일이 마지막 날이었다. 그 날 자정까지는 무엇이든 결론을 내려야 했다. 공천관리위원회는 내 공천에 대해 아무 결정도 내리지 않은 채 언론 플레이를 하면서 내가 자진 탈당하기만을 집요하게 압박하고 있었다.

3월 23일 오후 일찍 영덕을 떠나 대구로 돌아왔다. 어머니께 인사부터 드려야 했다. 나 때문에 마음고생이 너무 심하셔서 뵐 면목이 없었다. 누나와 자형이 마침 대명동에 와서 어머니를 모시고 있었다. 인사를 드리고는 지역구 아파트로 갔다. 취재차량들이 내 차를 놓칠새라 따라오고 있는 것을 보고 비서에게 운전을 천천히 하라고 했다. 아파트에 도착해서 경비 아저씨에게 죄송하다고 말씀드렸다. 3월 15일부터 23일까지 언론 취재 때문에 주민들이나 경비 아저씨들께 폐를 많이 끼쳤다.

밤에 사무실에 갔다. 이미 대구의 내 사무실은 일주일 동안 언론사 취재진들이 상주하는 곳이 되어버렸다. 사무실에 도착하니 나 때문에 마음을 졸이고 있던 동지들이 나를 맞았다. 우는 동지들부터 달래야 했다. 그리고 그 날 영덕에서 써온 무소속 출마 회견문을 읽었다.

존경하는 국민 여러분! 대구 시민 여러분!

사랑하는 당원 동지 여러분!

오늘 이 자리에 서기까지, 저의 고민은 길고 깊었습니다.

저 개인의 생사에 대한 미련은 오래전에 접었습니다.

그 어떤 원망도 버렸습니다.

마지막까지 제가 고민했던 건,

저의 오랜 질문, "나는 왜 정치를 하는가?"였습니다.

공천에 대하여 당이 보여준 모습,

이건 정의가 아닙니다.

민주주의가 아닙니다.

상식과 원칙이 아닙니다.

부끄럽고 시대착오적인 정치보복일 뿐입니다.

정의가 짓밟힌 데 대해 저는 분노합니다.

2000년 2월 입당하던 날부터 오늘까지, 당은 저의 집이었습니다.

이 나라의 유일한 보수당을 사랑했기에, 저는 어느 위치에 있든

당을 위해 제 온몸을 던졌습니다.

그만큼 당을 사랑했기에 '당의 정체성에 맞지 않는다'는 말에

참 가슴이 아팠습니다.

저는 2011년 전당대회의 출마선언, 작년 4월의 국회 대표연설을

다시 읽어봤습니다.

몇 번을 읽어봐도 당의 정강정책에 어긋난 내용은 없었습니다.

오히려 당의 정강정책은 '따뜻한 보수, 정의로운 보수'를 추구하는

저의 노선과 가치가 옳다고 말해주고 있습니다.

결국 정체성 시비는 개혁의 뜻을 저와 함께 한 죄밖에 없는 의원들을

쫓아내기 위한 핑계에 불과했습니다.

공천을 주도한 그들에게 정체성에 대한 고민은 애당초 없었고,

진박, 비박이라는 편가르기만 있었을 뿐입니다.

국민 앞에 참으로 부끄러운 일입니다.

존경하는 국민 여러분!

"모든 권력은 국민으로부터 나온다"

'국민권력'을 천명한 우리 헌법 1조 2항입니다.

어떤 권력도 국민을 이길 수는 없습니다.

우리가 꿈꾸는 세상은 힘이 지배하는 세상이 아니라,

원칙이 지켜지고 정의가 살아있고 상식이 통하는 세상입니다.

오늘 저는 헌법에 의지한 채, 저의 정든 집을 잠시 떠납니다.

그리고 정의를 위해 출마하겠습니다.

권력이 저를 버려도, 저는 국민만 보고 나아가겠습니다.
제가 두려운 것은 오로지 국민뿐이고, 제가 믿는 것도 국민의
정의로운 마음뿐입니다.

저에게 주어진 이 길을 용감하게 가겠습니다.
어떤 고난이 닥쳐와도 결코 멈추지 않겠습니다.
보수의 적자, 대구의 아들답게 정정당당하게 가겠습니다.
국민의 선택으로 반드시 승리해서 정치에 대한 저의 소명을 다하겠습니다.
오늘 저의 시작이 '따뜻한 보수, 정의로운 보수'로 나아가는
새로운 걸음이 되기를 바랍니다.

저와 뜻을 같이 했다는 이유로 억울하게 경선의 기회조차 박탈당한 동지들을 생각하면 제 가슴이 미어집니다.
이 분들은 우리 당을 '따뜻한 보수, 정의로운 보수'로 개혁하기 위해 혼신의 힘을 다해 오신 분들입니다.
제가 이 동지들과 함께 당으로 돌아와서 보수개혁의 꿈을 꼭 이룰 수 있도록 국민 여러분의 뜨거운 지지를 부탁드립니다.
감사합니다.

그렇게 나는 탈당하고 무소속으로 출마를 했다. 일주일 동안 중계방송을 보다시피 했던 전국의 많은 분들로부터 편지, 이메일과 떡, 음료수를 받았다. 어떤 분들은 멀리서 직접 와서 선거 자원봉사를 해주겠다

고 하셨다. 대전에 사는 어떤 분은 10만 원의 후원금을 편지봉투에 넣어 보내면서 이렇게 쓰셨다.

"지금까지 질릴 정도로 너무도 구린내 나는 정치판이지만 아무리 생각해도 정치가 변하지 않으면 나라가 변할 수 없다는 것, 내가 투표를 포기하는 것은 미래세대를 포기하고 내 자식을 포기하는 것이라고 제 아이들에게 귀에 못이 박이도록 얘기했습니다. 유승민 의원님! 진흙에서 연꽃을 피우듯 아무리 욕을 먹어도 결국 세상을 바꾸는 건 정치라는 신념으로 정치를 하셨다고 말씀해주셔서 감사드립니다. 가시밭길, 고난의 길을 마주하고서 두려움 없이 진정한 정치인의 모습을 보여주셔서 이 시대의 기성세대로서 감사함과 자부심을 느낍니다. 의원님께서 내년 총선에 나가신다면 지역구가 어디든, 소속 정당이 어디든 단 하루라도 시간을 내어 자원봉사 하겠습니다. 저희 집사람하고 같이요."

서울 마포의 50대 주부는 4월초 다음과 같이 가슴 아픈 사연을 보내주셨다.

"제가 처음으로 특정 정치인에게 후원을 하고 직접 편지를 써서 지지를 표현하는 적극적인(?) 모습을 갖게 된 것이 저도 좀 뜻밖이긴 합니다. 의원님의 모습에서 자꾸 저의 남편이 떠오르기 때문인 것 같습니다. 의원님처럼 제 남편도 아닌 건 아니라고 해야 하는 성격 때문에 윗분과 코드가 맞지 않아 맘고생이 심했습니다. 정치는 여의도에만 있는 게 아니더군요. 그리고 결국 밀려났습니다, 의원님처럼. 살아남기 위해서 '예스맨'이 되어야 하는 건 회사도 마찬가지더군요. 잘못된 것을 잘못됐다고 말하려면 큰 용기가 필요하지요. 아니라고 말할 수 있는 사람이 몇이나 되겠습니까? 의원님과 제 남편은 비슷한 시련을 겪은 공통점이 있습니다. 그러나 곧 다시 우뚝 서게 되리라 믿습니다. 도울 일이 있으면 언제든 연락 주세요. 바른 정치가 얼마나 중요한지 막장정치를 자꾸 접하다 보니 저절로 마음이 움직이지 말입니다."

캐나다 교포는 이렇게 이메일을 보내주셨다.

"나는 캐나다 브리티시 콜롬비아 주에 거주하는 캐나다 시민권자이며 조국 대한민국의 후손으로서 유승민 의원님의 정의로운 처신에 매혹된 사람입니다. 유튜브에서 교섭단체 대표연설과 한나라당 전당대회 명연설을 보고 감명을 받아 다운로드해서 보관하고 있으며 기타 유승민 의원 관련 유튜브 영상은 모두 보고 있습니다. 연금으로 살아가고 있기 때문에 내가 할 수 있는 일은 매달 후원금으로 캐나다화 10달러를 보내드릴 수 있는 것이 고작입니다만, 그렇게라도 용기를 가지시라고 지지하는 의사표시를 하고 싶습니다."

그 해 3월 미국 일리노이에 사는 교포는 100달러 지폐를 접어 편지봉투에 넣어 보내주셨다.

"불의에 맞선 유승민 의원님! 힘내세요. '대한민국은 민주공화국이다. 모든 권력은 국민으로부터 나온다.' 이 말씀 100% 동감합니다. 이곳에도 유 의원님을 지지하는 사람들이 많습니다. 국밥 한 그릇 더 드시고 힘내서 꼭 승리하세요. 건투를 빕니다."

선거관리위원회에 문의해본 결과 정치자금법에 따라 외국에 거주하는 교포로부터는 후원금을 받을 수 없다고 해서 캐나다에 계신 분께는 이메일을 보내 양해를 구하고 보내지 않도록 말씀드렸고, 미국에 계신 분께도 100달러를 내 편지와 함께 봉투에 넣어서 돌려드렸다.

미국에서 온 편지와 100달러 지폐 사진.

탄핵

이에 재판관 전원의 일치된 의견으로 주문을 선고합니다.
주문. 피청구인 대통령 박근혜를 파면한다.

2017년 3월 10일 오전 11시 21분 이정미 헌법재판소장 권한대행은 2016헌나1 대통령 박근혜 탄핵 사건에 대한 선고요지를 읽었다.

결국 피청구인의 위헌·위법행위는 국민의 신임을 배반한 것으로 헌법

수호의 관점에서 용납될 수 없는 중대한 법 위반행위라고 보아야 합니다. 피청구인의 법 위배행위가 헌법질서에 미치는 부정적 영향과 파급 효과가 중대하므로, 피청구인을 파면함으로써 얻는 헌법 수호의 이익이 압도적으로 크다고 할 것입니다.

"국민의 신임을 배반했다." 이 말이 내 가슴에 꽂혔다. 신임의 배반, 그건 배신 아닌가. 국민을 배신했다는 말 아닌가. 중앙일보 전영기 논설위원은 2016년 12월 15일자 칼럼, 「친박, 배신을 두려워 말라」에서 이렇게 썼다. "배신해야 할 때 배신하지 못하는 혼몽한 혹은 허약한 정신이 청와대와 정부의 시스템을 망가뜨리고 쓰나미처럼 새누리당을 덮쳤다. 박근혜는 탄핵 심판대에 올랐지만 친박과 상당수 보수세력은 그가 뿌린 배신론에서 허우적대고 있다.…… 새누리당과 당원들은 보수를 분열시키고 보수가치를 무너뜨린 박근혜를 버려야 한다."

2016년 10월 중순 경 정유라 부정입학 의혹이 불거져서 민심이 악화되고 10월 24일 최순실의 태블릿 PC가 보도되었다. 경악스러웠지만 언론보도만 보고 사실이라고 판단할 수는 없었다. 그래서 나는 "대통령이 모든 진실을 국민 앞에 밝히는 고해성사를 해야 한다"고 일관되게 얘기했다. 그러나 대통령의 회견은 국민의 용서를 구하지도 못했고 오히려더 큰 분노를 촉발했다.

11월 20일 검찰의 공소장을 본 나는 대통령 탄핵을 결심했다. 탄핵을 유일하게 피할 수 있는 길은 대통령과 국회가 정치적 합의를 하는 정치적 해법밖에 없었다. 그러나 11월 29일의 마지막 회견에서 대통령은 헌법과 법률의 위배는 인정하지 않은 채 국회가 정하는 일정과 절차에 따라서 사임하겠다고 말하면서 공을 국회에 던졌다. 국회의 합의가 없다면 정치적 해법은 불가능했고, 끝내 그 합의는 이루어지지 않았다. 남은 방법은 국회의 탄핵 소추와 헌법재판소의 탄핵 심판이라는 헌법적 해법뿐이었다. 12월 9일 국회는 대통령 탄핵소추안을 찬성 234명, 반대 56명, 기권 9명으로 가결했다.

나는 탄핵 소추안 의결을 하루 앞둔 12월 8일 탄핵안 표결에 임하는 입장을 다음과 같이 밝혔다.

정의로운 공화국을 위한 전진

내일 국회는 대통령 탄핵소추안을 의결하게 됩니다.
국회가 대통령을 탄핵 소추하는 근거는 대통령이 헌법과 법률을 중대하게 위배했느냐 여부입니다.

지난 10월 소위 '최순실 국정농단 사태'가 보도된 이후 검찰의 공소장이 발표되기까지 저는 대통령의 결단을 촉구했습니다.
언론의 보도만으로는 진실을 알 수 없으니 진실을 알고 있는 대통령 본인의 입으로 모든 진실을 밝히고, 국민에게 사죄하고, 법적·도덕적·정치적 책임을 다하겠다는 약속을 해주기를 바랐습니다.
특히 11월 4일의 담화에서 대통령의 고해성사, 반성과 사죄, 그리고 책임을 지겠다는 약속을 기대했습니다.
그러나 그 기대는 무너졌습니다.

11월 20일, 검찰의 공소장을 읽은 저는 탄핵이 불가피하다고 생각했습니다.

공소장은 헌법과 법률을 위배한 사건의 사실상 주범으로서, 공모자로서, 피의자로서 대통령의 죄를 적시했습니다.

지금의 검찰 지휘부는 모두 대통령과 그 측근들의 손으로 임명한 사람들인데, 이들이 과연 증거도 없이 현직 대통령에게 죄를 뒤집어 씌워서 피의자로 입건했을까?

상식적으로 불가능한 일입니다.

헌법에 따라 대통령은 재직 중 형사 소추를 받지 않기 때문에, 검찰의 공소장은 탄핵 사유를 판단하는 유일한 근거입니다.

공소장에 대한 저의 판단은 탄핵 사유가 충분하다는 것입니다.

그 날 이후 저는 대통령과 국회가 정치적 합의를 하지 못한다면 탄핵으로 갈 수밖에 없다는 입장을 일관되게 고수해왔습니다.

공소장에 대한 상식이 탄핵이라는 결론으로 저를 이끌었습니다.

광장의 촛불로 보여준 국민들의 판단도 그러했을 것으로 생각합니다.

탄핵 사유가 충분할 때, 문제를 해결하는 방법은 대통령의 사임이라는 정치적 해법과 국회의 탄핵 소추와 헌법재판소의 탄핵심판이라는 헌법적 해법이 있을 뿐입니다.

그러나 11월 29일의 담화에서 대통령은 헌법과 법률의 위배는 인정하지 않은 채 국회가 정하는 일정과 법 절차에 따라서 사임하겠다고 했습니다.

헌법과 법률을 위배한 사실이 없었다면 광장에 아무리 많은 촛불이 켜

져도 대통령이 스스로 물러날 이유는 전혀 없는데, 대통령의 담화는 앞뒤가 맞지 않는 모순만 드러냈습니다.

탄핵 소추를 하루 앞두고 역사의 시계는 어김없이 움직이고 있습니다.
대한민국은 왕조가 아니라 민주공화국입니다.
대통령은 왕이 아니라 법 앞에 평등한 공화국의 시민입니다.
탄핵은 지난날의 잘못에 대한 단죄이지만, 정의로운 공화국을 만드는 정치혁명의 시작이 되어야 합니다.
이 탄핵이 불행한 탄핵으로 끝나지 않고 정의로운 공화국의 씨앗이 되기를 저는 진심으로 바랍니다.

나라가 이렇게 어려울 때 제가 생각하는 것은 한 가지뿐입니다.
"나는 왜 정치를 하는가?"
저는 그 어떤 비난도, 책임도 피하지 않고, 그 어떤 정치적 계산도 하지 않고, 오로지 정의가 살아있는 공화국만을 생각하면서 탄핵 소추안 표결에 임하겠습니다.

2016년 12월 8일 보도자료

2015년 7월 8일 내가 원내대표를 사퇴한 직후인 7월 24~25일 대통령은 재벌총수들을 청와대로 불러 각각 따로 개별 면담하고 미르와 K스포츠 재단 출연을 주문한 것으로 드러났다. 원내대표를 사퇴하고 1년 넘게 지난 2016년 11월, 검찰 공소장을 통해 알게 된 사실이다. 내가 사라진 후에 권력의 고삐가 풀린 건 아닌가. 문득 그런 생각이 들었다.

2

IMF 위기, 정치를 시작하다

푸르른 날들,
KDI에 둥지를 틀다

잘못을 잘못이라고 말하는 것, 그것은 시간을 거슬러 20년 전 IMF 위기 때 경제학자로서 겪어야 했던 괴로운 시간들에 닿아 있다.

정치를 하기 전 나는 경제학자였다. 1987년 경제학 박사학위를 마치고 KDI(한국개발연구원)라는 국책연구소에 자리를 잡았다. 대학졸업 후 유학 가기 전에 1년 반 동안 연구원으로 근무했던 첫 직장이어서 애착이 있었고, 대학교수가 되어 유학시절 배운 경제학을 그대로 가르치는 것보다는 경제정책을 연구하는 국책연구소에서 일하는 것이 더 보람될 거라는 기대도 있었다. KDI에서의 일과 삶은 30대 젊음을 불태울 만큼 보람도 있었고 자부심도 있었다.

내 박사학위 전공이 경제학의 여러 분야 중에서 당시만 해도 학위 소지자가 별로 없던 산업조직론이어서 정책연구 수요도 많았다. KDI에서 나는 경제력 집중과 재벌정책, 기업지배구조, 공정거래, 정부규제,

1993년 4월 30일 매일경제신문.

산업정책, 공기업정책 같은 분야를 주로 맡아 이 주제들에 대한 연구에
집중했다. 이건 모두 시장경제와 경쟁, 경쟁력을 연구하는 응용미시경
제학의 분야였다.

연구를 하면서 욕도 참 많이 먹었다. 1993년 4월에는 KDI와 공정거
래위원회가 「新경제 5개년계획」 시안을 만드는 과정에서 '공정거래정
책의 발전과제'라는 제목으로 공정거래와 재벌정책에 대한 주제발표를
했는데, 재벌들의 모임인 전경련은 "KDI 박사가 어떻게 저런 혁명적인
주장을 할 수 있느냐"고 비난했다는 얘기를 전해들었다.

1989년에는 광고시장의 규제 개선방안을 연구하면서 광고시장의 유

통질서를 정상화하기 위해서는 방송광고공사(KOBACO)를 해체해야 한다고 주장했더니, 이름을 밝히지 않는 공사 직원으로부터 거친 욕설을 들어야 했다. 일반의약품(OTC) 규제완화를 주장했다가 전국의 약사들로부터 혼이 나기도 했다. 약대를 졸업한 누나와 형수까지도 동생, 시동생을 잘못 둔 죄로 고생했다.

경제학자로서 의견을 제시했다가 이해당사자로부터 욕을 먹는 일은 처음엔 무척 당혹스러웠으나, 나는 이러한 종류의 비난에는 곧 익숙해지게 되었다. 욕을 먹어도 세상은 변해야 한다고 생각했으니 별로 개의치 않았다.

한국경제,
불길한 징조가 현실이 되다

KDI에서 경제학자로서 보낸 12년의 시간 중 가장 충격적이고 정말 괴로웠던 시간은 1997~2000년의 마지막 3년이다. 아마도 이 기간에 겪었던 일들은 평생 기억에 남을 것이다.

1997년은 1년 내내 경제위기의 불길한 징조들이 파노라마처럼 펼쳐진 한 해였다. 1월에 터진 한보사태가 그 시작이었다. 한보철강의 부도는 사실 대기업의 부실 그 자체도 심각한 문제였지만, 세간의 모든 관심이 대통령의 아들과 정치인, 관료들이 줄줄이 개입된 권력형 부패사건이라는 측면에만 쏠린 것도 문제였다. 그때만 해도 이 사건이 그 해 겨울 'IMF 위기'라는 국치(國恥)의 도화선이 될 줄은 몰랐다.

그러나 한보그룹의 부도를 신호탄으로 얼마 지나지 않아 먹구름이 한

꺼번에 몰려오면서 우리 경제는 파국으로 치닫게 되었다. 그 해 3월엔 삼미, 4월엔 진로, 5월엔 대농, 7월엔 기아, 11월부터는 해태, 뉴코아, 고려증권, 한라 등 중하위 재벌그룹들이 줄줄이 부도위기에 처했다. 그 중 재벌기업이 아니었던 기아자동차의 부도 사태는 국민들에게 더 큰 충격을 주었고, 대선을 눈앞에 둔 정치권은 소위 '국민기업 기아'를 어떻게 처리할 것이냐를 두고 무책임한 정쟁을 벌이느라 그 긴박한 시기에 몇 달을 허송세월했다. 삼성, 현대, 대우, LG, SK 등 5대 재벌의 부실화와 6대 이하 재벌들의 부실화는 IMF 구제금융이 이루어진 이후 1998~2000년에도 계속되었다.

재벌정책 분야는 산업조직론을 전공한 내가 10년 동안 열정을 갖고 연구하던 분야였기에, 부실재벌들이 몰락하는 매일 매일은 아직도 어제 일처럼 또렷하게 기억난다.

1997년 초부터 수년간 이어진 한국 재벌들의 연쇄부도 사태는 한국 경제의 역사에서 매우 의미심장한 사건이었다. 그건 박정희 정권 이래 역대 정부가 30년 이상 강력한 관치금융으로 은행들을 지배한 상태에서 재벌들에게 저금리의 특혜금융을 주고, 재벌들은 이 막대한 부채로 급속히 사업을 팽창시켜온 재벌경제 시스템이 더 이상 지속될 수 없음을 의미했다.

우리 경제가 이런 취약점을 드러내고 있던 중 태국 바트화의 위기로부터 7월 동남아 외환위기가 시작되었다. 환율이 오르면 안 된다고 외환시장에 개입해서 달러를 풀어대던 경제관료들의 고집 때문에 10월말

306억 달러 남짓하던 달러 보유고는 어리석게도 환율 방어에 금세 소진되어버렸다. 설상가상으로 일본이 단기외채 연장에 동의해주지 않자 외환시장은 패닉 상태로 들어가기 시작했다.

결국 1997년 12월 3일 대한민국 정부는 IMF 등으로부터 구제 금융을 받고 그 대가로 IMF와 세계은행이 시키는 대로 금융과 기업의 구조조정을 하고 재정금융정책을 채택하기로 약속했다. 그 날 국민들은 미셸 캉드쉬 IMF 총재가 점령군 사령관처럼 오만한 표정으로 TV에 나오는 모습을 멍하게 지켜봐야 했다. 삼전도 굴욕은 청나라의 침략을 막아내지 못하고 조선의 왕이 머리를 땅에 찧은 17세기 조선의 굴욕사였다. 그러나 무슨 외세의 침략도 아니고 우리 스스로가 잘못해서 발생한 이 20세기 말의 경제위기에 국민의 자존심은 한순간에 무너져내렸다.

그 날 이후, 우리는 1997년의 경제위기를 'IMF 위기'라고 불렀다. IMF가 무슨 위기에 처한 것도 아니고, 또 영어로 'IMF Crisis'라고 말하면 외국인들은 무슨 말인지 못 알아듣는데도, 우리는 계속 그렇게 불렀고 지금도 IMF 위기라고 부른다. 마치 그렇게 불러야 다시는 그런 굴욕을 당하지 않으리라는 우리 스스로의 주문(呪文)이었을까.

국민과 나라가 굴욕을 당하고 자존심이 망가졌으니 당연히 책임을 져야 할 집단이 있었다. 대통령, 관료, 정치인, 재벌들의 책임이 제일 컸지만, 경제학자들도 조금도 나을 게 없었다. 나도 그 중의 한 사람이었다. 한국경제가 그렇게 무너지고 있는데 국책연구소의 경제학자로서 국민

세금으로 월급을 받던 나는 과연 내가 할 책무를 다했나? 이런 자괴감과 수치심에 고개를 들 수 없었다. 그 때 연구소의 동료들도 똑같은 심정이었는지 출근하면 늘 연구소 분위기가 무거웠다. 과거 작성했던 정책보고서들을 다시 들추어보면, 우리가 위기의 징후를 경고했던 적도 있긴 했다.

그러나 그런 철지난 보고서의 글귀나 쳐다보면서 '내 도리를 다했다'라고 합리화하기엔 위기의 충격과 고통은 너무나 컸다. 더 큰 목소리로, 대통령과 경제부총리, 경제수석 같은 사람들이 귀를 기울이도록, 정신이 번쩍 들도록, 미리 강력한 위험신호를 보내지 못했다는 자괴감을 지울 수 없었다.

IMF 구제 금융을 받기 직전, 하필 오래전 사고로 오른쪽 어깨 인대가 여러 개 끊어진 것을 이어붙이는 수술을 받아야 했다. 수술 후 의사는 재활치료를 잘해야 어깨를 다시 정상적으로 쓸 수 있다고 정색을 하면서 겁을 줬는데, 병원에서 나오자마자 IMF 구제금융 이후의 한국경제의 구조조정 방안에 대해 보고서를 작성하는 임무를 받았다. 수술받은 어깨는 아픈데 병원에서 준 고무줄을 당기는 재활운동은 해보지도 못하고, 퇴원한 다음 날부터 컴퓨터 앞에 앉아 자판만 열심히 두드리면서 구조조정에 대한 보고서를 쓰기 시작했다. 그 때 굳어버린 오른쪽 어깨는 지금도 정상이 아니다.

테니스는 내가 퍽 즐겨했던 운동이다. 대학시절 관악캠퍼스에서 혼자 벽치기로 시작했는데 유학 시절에도 틈틈이 시간날 때마다 테니스광 수준으로 좋아했다. 하지만 보고서를 쓰느라 어깨 재활운동 시기를 놓치고 나서는 그렇게 좋아하던 테니스를 못하게 되어버렸다.

우리 경제가 망가지고 IMF 캉드쉬 총재에게 머리를 숙인 수치심과 자괴감에 젖어 있던 내게는 이미 엄습한 경제위기에서 어떻게 하면 탈출할 수 있느냐를 연구하는 일이 더 중요했다. 1997년 12월 18일 대통령 선거가 있었고, 새정치국민회의 김대중 후보가 한나라당 이회창 후보를 이기고 대통령에 당선되었다. 그 경제위기 와중에도 사람들은 모이면 선거결과에 대해 얘기했지만, 애당초 별 관심을 두지 않았던 나는 선거 얘기가 남의 나라 얘기처럼 들렸다.

누가 대통령이 된들 이 초유의 위기를 어떻게 헤쳐나갈 것인가? 이게 중요하다는 생각뿐이었다. 대통령이 바뀌고 정권이 교체됐으니 KDI 원장도 새 정권의 입맛에 맞는 누군가가 오겠지만, 그것 또한 관심 밖이었다. 누가 대통령이 되든, 누가 경제수석, KDI 원장으로 오든, 경제위기 극복방안 보고서를 제대로 만들어내야 하는 나와 동료들 입장에서는 솔직히 대통령 선거 얘기를 할 여유도 없었다.

IMF 구제금융을 받은 직후 당시 KDI 원장은 경제위기 극복을 위한 구조조정 대책을 한 권의 종합보고서로 작성하는 임무를 내게 맡겼다. 기업, 금융, 노동, 재정 등 각 분야별로 믿을 만한 후배 박사들 몇 명으로 급하게 팀을 꾸리고 그 해 겨울 여러 밤을 새면서 보고서를 작성했다. 1997년이 언제 저물고 1998년 새해 아침이 언제 밝았는지도 모를 정도였다.

나와 후배 박사들은 누구의 눈치도 보지 말고 정말 제대로 된 보고서를 써보자는 각오를 함께 다졌다. 경제위기를 사전에 예방하지 못한 자책감 때문에 우리는 정말 어떤 외압도 물리치고 위기극복을 위한 최선의 해법을 제시해보자는 투지를 불태웠다. 사실 KDI 박사들은 홍릉의 이 연구원을 마치 조선 초기의 집현전(集賢殿) 같은 곳으로 생각하는 자부심을 갖고 있었다. IMF 위기는 그 자부심에 큰 상처를 남겼다.

나는 그 때 우리 사회의 학자들, 전문가들이 자신이 옳다고 생각하는 바를 용기 있게 말하고 쓰는 것이 나라와 국민을 위해 얼마나 중요한지를 깨달았고, 그 후 나는 어떤 권위나 강압에도 굴하지 않고 소신을 지키는 길을 걷겠다고 스스로에게 약속하게 되었다.

이 중요한 보고서의 초안이 준비된 1998년 1~2월경, 나는 새로 바뀐 정부와 대통령직 인수위원회 등에 가서 설명을 했다. 그렇게 해서 나온 보고서가 『경제위기극복과 구조조정을 위한 종합대책』(1998년 4월 KDI)이었다.

이 보고서는 수치심과 자괴감으로 괴로워했던 KDI의 젊은 박사들이 IMF 위기를 넘어서기 위해 우리 경제가 꼭 실행해야 했던 개혁과제들을 담아낸 것이다. 그러나 나는 이 보고서의 출간까지는 보지 못하고 1998년 4월초 공정거래위원회 자문관으로 파견 나가게 되었다. 그 전부터 공정거래위원회와 긴밀하게 업무협의를 해왔는데 아예 자문관

IMF 위기 발생 후 KDI 박사들과 같이 쓴 책.

으로 매일 출근해달라는 전윤철 공정거래위원장의 요청을 받아들여 잠시 홍릉 KDI를 떠나 과천 정부종합청사에 가서 일하게 되었다. 그 전에는 자문관 제도가 없던 터라 공정위의 첫 자문관이 되었다.

그런데 그 때부터 전혀 예상치 못했던 힘든 일들을 겪기 시작했다. 본격적으로 공정거래위원장과 그 곳의 공무원들을 자문하게 되자 그 전까지는 몰랐던 재벌정책과 공정거래정책에 대한 관점의 차이를 느끼게 되었다. 정부는 IMF와 IBRD(세계은행)가 처방전을 준 대로 기업구조조정과 금융구조조정을 해야 한다는 생각이었고, 나는 그들의 처방이 반드시 옳은 것은 아니니 '꼭 필요한 개혁은 더 강하게, 우리 현실에 맞지 않는 처방은 버려도 좋다'는 생각이었다. 생각이 다르니 관료들과 부딪히게 되면서 공정위 자문관으로 더 있을 수도 없었다. 관료들이 나에 대해 불편을 느끼고 있다는 것을 알게 되면서 나는 그해 9월 자문관 직을 스스로 그만두고 다시 홍릉 KDI의 본업으로 돌아왔다.

빅딜 정책에 반대해서
탄압받다

그 무렵 내가 가장 강하게 비판했던 정부의 재벌정책은 '5대 재벌의 빅딜 정책'이었다.

IMF 위기가 오기 훨씬 전부터 나는 정부 관료들이 나서서 재벌의 업종을 지정해주는 방식에 찬성하지 않았다. 김영삼 정부 시절에는 '新경제5개년계획의 업종 전문화 유도시책(소위 주력업종 제도)'에 대하여 재벌문제의 근본원인은 치유하지 않고 시장의 독점만 강화시키는 반시장적인 대증요법이라는 이유로 반대하기도 했었다.

1998년 9월 3일 5대 재벌이 정유, 석유화학, 항공기, 철도차량, 발전설비, 선박용 엔진, 반도체 등 7개 업종의 빅딜을 발표하더니, 10월 7일에는 5대 재벌이 빅딜합의안을 발표했다.

드디어 12월 7일에는 김대중 대통령이 참석한 정재계 간담회에서 5개 경제부처 장관, 5대 시중은행장, 5대 재벌 총수들이 청와대에 모여서 자동차, 전자가 추가된 9개 업종 빅딜합의문을 발표하게 되었다. 관료들은 5대 재벌의 자발적인 합의라고 국민들에게 말했지만, 대통령이 5개 경제부처 장관, 5대 시중은행장, 5대 재벌 총수를 불러모아 채택한 이 합의문이 재벌들의 자발적 합의가 아니라는 것은 삼척동자도 알 만한 일이었다.

나는 그런 식으로 하지 말고, 부실기업들은 철저히 부실기업의 처리 원칙에 따라 정부가 과감하게 처리하고, 나머지 기업들의 과잉투자나 재무구조 부실화의 문제는 금융의 견제기능, M&A 시장의 기능, 그리고 기업지배구조 정책을 강화해서 해결해야 한다고 주장했다. 현대와 LG의 반도체 빅딜, 삼성전자와 대우자동차의 빅딜이 갈등을 겪거나 무산되는 과정을 지켜보면서 나는 빅딜 정책에 더 강하게 반대하게 되었다.

빌 클린턴 대통령을 만나서
할 말을 하다

당시 나는 언론에 칼럼도 기고하고 토론회에도 나가서 얘기도 하고 강의를 하기도 하면서 빅딜 등 재벌정책의 문제점에 대해 활발하게 주장했다. 그러던 중 1998년 11월 빌 클린턴 미국 대통령이 우리나라를 방문했다. 클린턴 대통령은 경복궁 내 국립민속박물관에서 우리나라의 각계 대표와 원탁회의를 열었는데, 미국 대사관으로부터 이 자리에 참석할 수 있느냐는 연락이 왔다. 회의 자체가 비공개이니 경제학자로서 한국이 겪는 위기에 대해서 미국 대통령에게 하고 싶은 얘기를 뭐든지 자유롭게 해도 좋다는 제안이었다. 일본 출장 중에 연락을 받은 나는 잠시 고민했지만 '나라를 위해 할 말을 할 기회가 온다면 하겠다'고 정리한 뒤 참석 의사를 밝혔다.

클린턴 대통령과의 원탁간담회 자리에 가보니 장하성 고려대 경제학과 교수, 손봉숙 한국여성정치연구소장, 박인상 한국노총 위원장, 박용오 두산그룹 회장, 박병엽 팬택스 사장 등이 와 있었고 미국 측에서는 보스워스 주한대사, 헤럴드 고 미 국무부 인권담당차관보 등이 참석했다. 김대중 대통령과 정상회담을 마친 클린턴 미국 대통령이 입장하자 인사를 나누고 자리에 앉아 바로 대화를 시작했다.

나는 클린턴 대통령에게 "한국의 재벌들은 과거 수십년 동안 한국 나름대로의 성장방식이었다. 그 체제가 이번 위기에서 보듯이 한계를 드러낸 것이니 고칠 부분은 과감하게 개혁해야 한다. 그러나 미국 정부나 IMF, IBRD 같은 국제기구는 자신들의 관점에서 너무 빠른 속도로 수술을 밀어붙이는데, 그건 문제가 있다. 그동안의 재벌정책에 대해 잘잘

클린턴 미 대통령과의 원탁간담회. 1998년 11월 21일 경복궁 국립민속박물관.
맨 오른쪽 두 번째가 필자.

못을 따지고 균형을 잡아야 할 필요가 있다. 미국 정부와 국제기구는 이런 점을 이해하고 지나친 간섭을 하지 말아야 한다"는 요지로 말했다. 클린턴 대통령은 즉답 대신 우회적으로 답변했는데, 내 말에 흔쾌히 동의하지는 않는 표정이었다.

회의 다음날, 분명 비공개라고 했던 것과 달리 조간 신문에 클린턴과 나와의 대화 내용이 보도되었다. 나를 초청했던 미 대사관 직원에게 어찌된 일이냐고 물었더니 클린턴 대통령이 이 대화에 만족했고 그 만남의 결과가 언론에 공개되길 원해서 비공개 약속을 지키지 못했다는 뒤늦은 변명을 했다. 이미 엎질러진 물이라 "알았다"고만 답하고 전화를 끊었지만, 국책연구소 박사 신분이라 '정부나 연구원 간부들이 또 싫어하겠구나'라고 짐작했다.

빅딜 청와대 합의안이 발표된 열흘 후인 12월 17일, 나는 한국생산성본부가 주최한 세미나에서 「관치경제에서 시장경제로의 전환: 재벌구조조정의 경우」를 주제로 강의를 하게 되었다. 이 자리에서 나는 열흘 전 발표된 빅딜 정책을 강하게 비판하고 백지화하는 게 옳다고 주장했다.

이 강의 이후 본격적인 수난이 시작되었다. 당장 그 다음 날 조간을 본 청와대 경제수석실로부터 빨리 들어오라는 호출을 받았다. 그 날은 감기몸살로 몹시 아팠는데, 청와대 경제수석실에서 KDI 원장실에 연락해 나를 빨리 보내라고 몇 번씩 독촉을 했고, 어차피 부딪혀야 할 일이라 단단히 각오를 하고 아픈 몸으로 청와대에 갔다. 그 날 그 곳에서, 오랫동안 제법 잘 알고 지내던 경제기획원 출신의 고위관료가 책상을 치고 안경을 쓰고 벗기를 반복하면서 서슬 시퍼렇게 나에게 호통을 치던 장면은 그 후로도 머릿속에서 지워지지 않았다. 그 관료는 KDI 박사를 자기 부하쯤 되는 사람이라고 생각하면서 야단을 치고 있었고, 나는 '국민 세금으로 국책연구소에서 일하고 있으니 당신의 부하가 아니라 국민을 위해 일할 뿐'이라고 마음속으로 되뇌면서 지지 않고 차분하게 반박하고 있었다. 그냥 '잘못했다. 다시는 이런 일 없을 것이다'라고 했다면 일찍 끝날 수도 있었던 그 자리는 서로 논쟁을 하느라 길어졌고 나는 몸도, 마음도 매우 지친 상태에서 홍릉 연구실로 돌아왔다.

아니나 다를까. 청와대에서의 사건 이후 직장에서 고달픈 나날이 이어졌다. 왜 클린턴 대통령과의 원탁대화에 갔느냐, 왜 미국 대통령 앞에서 그런 말을 했느냐는 황당한 질책을 받았다. 학자로서의 대내외 활동에 온갖 금지조치가 가해지기 시작했다. 신문기고, 외부 토론회 참석은 아예 금지되었다. KDI는 학회에 참석하는 등 단순한 외부활동을 하는 것까지도 사전에 부원장의 허락을 받도록 새로운 양식을 만들어 박사들에게 배포했는데, 학회 토론이나 발표를 위해 내가 이 양식에 써서 제출한 것은 사소한 것이라도 결재가 나지 않았다. 나 때문에 다른 박사들까지 이런 규제에 시달려야 했으니 동료들, 후배들에게 미안한 마음은 이루 말할 수 없었다.

이런 일들의 하이라이트는 1998년 연말의 연구 장려금 사건이었다. 당시 KDI에서는 매년 연말이 되면 그 해의 연구실적을 종합 평가해서 연구 장려금이라는 상여금을 지급했는데, 그 금액은 당사자만이 알 수 있도록 철저히 보안에 붙인다고 해서 우리끼리는 재미삼아 '비밀 장학금'이라고 불렀다. 매년 크리스마스 전에 어김없이 지급됐는데 1998년에는 나를 어떻게 징계할 것인가를 두고 시간을 끌면서 그 다음해인 1999년 1월에 가서야 지급되었다. 1997년에 가장 많은 연구 장려금을 받았던 나는 그 해 꼴찌 장려금을 받게 되었는데, 일부러 모욕을 주기 위해서였겠지만 내 방의 여비서보다 더 낮은 금액을 받게 되었다. 치졸하기 짝이 없는 짓이었다.

연구 장려금이야 못 받으면 덜 쓰고 살면 그만이지만, 문제는 내가 하고 싶었던 내 전문 분야의 일들을 못하도록 가로막기 시작한 것이었다. 그러한 나의 처지를 딱하게 여긴 후배 박사가 자신이 시작하는 프로젝트에 참여해달라고 해서 그 때 처음으로 우리나라에 도입된 '예비타당성 조사'라는 걸 직접 해보게 되었다. 재벌정책, 공정거래제도, 공기업 민영화 같은 분야를 연구하던 내가 KDI에서의 마지막 해인 1999년에 했던 일은 내 전문 분야와 아무 관계도 없던 '춘천-철원 고속도로 건설사업 예비타당성 조사'의 연구책임자가 되어 보고서를 작성했던 일이었다. 그 덕분에 예비타당성 조사제도를 공부하게 되었고, 그 보고서는 지금도 내 의원회관 사무실 책장에 꽂혀 있다. 예비타당성 조사는 국회에 들어와 각종 정부 관련 사업을 보면서 더 많이 활용하게 되었다.

김대중 정부가 출범한 직후 나는 대통령자문 정책기획위원회 위원으로 위촉되었는데, 나중에 알고 보니 얼마 전 작고하신 강봉균 전 장관이 추천했다는 얘기를 들었다. 당시 정책기획위원회 위원장은 고려대 최장집 교수가 맡았는데 최 위원장은 재벌개혁이나 기업구조조정에 대한 나의 생각에 관심을 보였다. 정부와 마찰을 빚고 있을 때 나는 이 자리도 당연히 그만두고 싶었으나 최 위원장은 한 번도 나에게 불편한 내색을 비치지 않았다. 그런 내색을 하지 않던 최 위원장에게 여지껏 표현한 적은 없었지만 아직도 고맙게 생각한다. 그러나 최 위원장이 얼마 지나지 않아 위원장직에서 사퇴하게 되었고 새 위원장이 오면서 나는 그 자리에도 있을 수 없게 되어 미련 없이 정리했다.

IMF 위기가 시작되기 전과 후에 나는 재벌정책에 대하여 두 권의 책을 썼다. 한 권은 1996년 김영삼 정부가 개혁총서 시리즈에 집필을 의뢰해 와서 그 중 재벌정책 분야를 내가 썼던 것으로『나누면서 커간다』라는 제목의 책이었다. 다른 한 권은 IMF 위기 후 위기수습 과정에서 재벌의 구조조정에 대해 썼던 것으로『재벌, 과연 위기의 주범인가?』라는 책이었다. 두 번째 책은 내가 KDI를 떠나 한나라당 여의도연구소장으로 온 2000년 6월에야 출간된 것이다.

이 두 권의 책은 각각 IMF 위기의 전과 후에 작성된 것이었으나 재벌정책에 대한 나의 생각이 크게 바뀌지 않았음을 보여준다. 다만 위기를 겪고 난 이후에 쓴 두 번째 책에는 위기를 겪기 전에 왜 진작 재벌개혁을 제대로 추진하지 못했냐는 아쉬움이 진하게 드러나 있다.

IMF 위기가 도래하기 2년 전 영국《이코노미스트》는 1995년 6월 3일자에서 특집기사를 냈다. 'A Survey of South Korea: The House that Park Built'라는 제목의 기사에서《이코노미스트》는 재벌이 주도하던 한국경제를 '괴물 프랑켄슈타인 경제'(자기가 만들었지만 길들일 수 없는 괴물에 의하여 파멸되는 경제라는 뜻)라고 불렀다. 이 보수적인 경제지가 한국의 정부-재벌 관계에 대하여 정곡을 찌른 기사를 읽고 전율을 느꼈다.

한국정부의 보험자 역할, 그리고 대마불사(大馬不死, too big to fail, 너무 크면 망하지 않을 거라는 생각)를 악용하는 재벌들의 도덕적 해이라는 관계부터 개혁하지 않으면 재벌개혁은 백약이 무효라는 생각을 갖게 되었고, 1996년에 쓴 『나누면서 커간다』라는 책에서 특히 이 부분을 강조했었다. 그러나 바로 그 이듬해 IMF 위기가 와버렸고, 우리 경제는《이코노미스트》의 불길한 예언대로 되어버린 것이었다.

잿빛 사회,
무기력한 경제

IMF 위기를 겪던 1998년과 1999년의 우리 사회는 온통 잿빛이었다. 금모으기 운동에 길게 줄 선 모습이 해외토픽으로 보도되고 한마음으로 위기를 극복하려는 애국심에 대한 칭송도 이어졌지만 직장에서 쫓겨난 수많은 가장들과 대학을 졸업하고도 취업할 길이 막혀버렸던 청년들의 좌절은 전에 겪어보지 못했던 것이었다. 30대 재벌의 절반 가까이가 부실화되어 법정관리, 화의, 워크아웃 등 부실기업 정리절차에 들어가고, 상대적으로 규모가 작은 기업들은 훨씬 더 심한 어려움을 겪어야 했다.

대마불사, 은행불사의 신화도 붕괴되었고, 많은 기업들이 망하게 되자 자산 가격이 추락하면서 부익부 빈익빈은 더 심각해졌다. IMF 위기를 겪으면서 우리 경제 사회 전반의 불평등의 골은 매우 깊어지기 시작했다. 중산층 붕괴가 시작되었고, 중산층에서 빈곤층으로 전락한 인구가 급격히 늘어났다. 노숙자, 실업자들이 대거 발생하면서 빈곤층, 저소득층에 대한 사회안전망이 중요한 정책과제로 대두되기 시작하였다. 실업 문제는 대한민국 어느 가정도 예외가 아니었다. 내 주변에서도 은행과 회사에 다니던 친구들, 선배·후배들이 구조조정의 희생자가 되는 일들이 다반사로 일어났다.

  미국 대학의 박사과정에서 어려운 수학과 통계학을 쓰면서 배웠던 그 경제학은 나에게 아무 소용이 없었다. IMF 위기를 겪는 나라에서 나에게 필요한 경제학은 위기 속에서 고통받는 국민들을 어떻게 구제할 수 있느냐, 어떻게 그 해결책을 찾을 수 있느냐라는 실천의 학문이었다. 그런데 1998년과 1999년에 KDI에서 겪었던 어려움들은 나를 깊은 좌절로 빠져들게 만들었다. 국민의 세금으로 운영되는 국책연구소에서 경제정책을 연구하는 사람에게 글을 못 쓰게 하고 입을 못 열게 하니 이런 직장에 계속 있어야 하는지 고민이 되었다.

  당시 나는 국책연구소의 진정한 정체성이 무엇인지, 무엇이어야 하는지, 오랜 시간 많은 생각을 했다. 동료 후배 박사들과 홍릉 연구소에서, 밤늦게 소주잔을 기울이면서 우리는 누구를 위해 어떤 일을 해야 하는지 토론에 열중했다.

  사람이 어떤 조직에서 일을 할 때 '누구에게 책임을 져야 하는가? (Accountable to whom?)'라는 것은 내가 배운 지배구조 이론의 핵심 중의 핵심이다. 나는 국민 세금으로 일을 하니 당연히 내가 하는 일에 대해 국민에게 책임을 지는 것이고, 관료나 정치인들에게 책임지는 게 아니라고 생각했다. KDI 같은 국책연구소 사람들이 집현전에서 일한다는 자부심을 갖고 있는 것도 이런 정신과 자세가 되어 있을 때 가능한 것이라고 생각했다.

그 후 정치권에 들어와서도 나는 우리나라의 많은 국책연구소의 전문가들이 정치권력과 정부 관료들의 입맛에 맞게, 그들이 요구하는 대로 보고서의 결론을 써내야 하는 고충에 대해 늘 관심이 깊었다. 가끔씩 권력과 관료들의 구미에 맞지 않는다는 이유로 사장된 보고서나 그들과 다른 얘기를 했다는 이유로 필화사건을 겪고 불이익을 당하는 전문가가 있다는 걸 알게 되면, 나는 그냥 지나치지 않고 그 경위가 어찌된 일인지, 양심과 표현의 자유를 억압하는 일이 없었는지 알아보게 되었다.

이회창 총재와의 만남,
정치의 길로 들어서다

IMF 위기를 겪는 와중에, 또 개인적으로는 직장에서 어려운 일들을 겪고 있던 와중에 전혀 예상하지 못했던 전화를 받았다. 당시 야당이던 한나라당의 이회창 총재 측으로부터 현 경제상황에 관하여 설명을 해줄 수 있겠느냐는 연락이었다. 여야를 떠나 경제 상황에 대해 충분히 설명해서 입법이나 정책에 반영된다면 보람이 있을 수도 있겠다는 생각이 들었다. 다만 당시 정부로부터 탄압을 받던 처지인데다 국책연구소 박사가 정치인을 만난다는 것 자체가 또 다른 빌미가 되지 않을까 조심스러웠다. 그래서 며칠 고민한 끝에 그 요청을 받아들이되, 근무시간에 가는 건 아니라는 생각에 주말 시간으로 약속을 잡았다.

이회창 총재와의 첫 만남은 이렇게 이루어졌다. 나중에야 알게 된 일이지만, 내가 당시 신문에 기고한 칼럼들을 보고, 또 1998~1999년에 겪게 된 어려움들을 어디선가 듣고, 나에게 관심을 두고 연락해온 것이었다. 이 첫 만남이 인연이 되어 결국 내가 정치에 입문까지 하게 되리라고는 그 당시에는 상상도 못했다. 가끔 경제 문제에 관해 궁금할 때면 연락이 왔고 몇 차례 만남이 더 있었지만, 내 자신이 직접 정치에 뛰어들게 되리라고는 전혀 예상하지 못했다.

2000년 4월의 16대 총선을 제법 앞둔 1999년 가을, 이회창 총재로부터 정치를 함께 해보지 않겠느냐는 권유를 처음으로 받았다. 선뜻 답할 수 없는 문제였다. "말씀은 감사하지만 생각을 해봐야 답을 드릴 수 있겠다"고만 했다. 그 날부터 깊은 고민이 시작되었다.

아버지는 정치를 하시면서 적성에 안 맞아 자주 괴로워하셨다. 그 모습을 볼 때마다 '왜 사서 저 고생을 하시나. 나는 정치를 안 해야지'라는 마음뿐이었다. 아버지가 국회의원을 두 번 하시고 깨끗이 정치를 그만두셨을 때 정말 오랜만에 식구들 앞에 홀가분하고 자유로운 모습을 보여주셨다. 가족 모두가 아버지의 결단을 진심으로 축하드렸고 그저 건강하게, 자유롭게, 더 베풀면서 사셨으면 좋겠다고 말씀드렸다. 이회창 총재의 제안을 받으니 아버지가 정치하면서 괴로워하시던 모습이 떠올라, 왠지 정치를 시작하면 괴로운 인생이 시작될 거라는 예감이 들었다.

사실 그 때의 나는 현실의 정치가 무엇인지 잘 몰랐다. 어렴풋이 짐작했던 바는 정치는 자기 인생을 걸어야 한다는 것, 부패 없이 깨끗하게 정치를 한다는 게 말만큼 쉽지 않다는 것, 정치판은 거칠고 험하다는 것 정도였다. 식구들을 건사해야 하니 직장을 그만두기도 쉽지 않았다. 그리고 당시 야당을 돕는 거라면 굳이 국회의원이 되어야만 할 수 있는 건 아니라는 생각도 들었다. 그래서 고민 끝에 "지역구든 비례대표든 총선 출마는 하지 않겠다. 원하신다면 정책자문은 계속 하겠다"고 답했다. 국회의원 출마를 거절하고 그냥 내가 잘할 수 있는 경제정책에 대한 자문이나 해야겠다고 결심하고 나니 한결 마음이 편해졌다.

그러나 그 상태도 오래 가지 못했다. 1999년 말쯤 또 다른 제안이 왔다. 한나라당의 정책연구소인 여의도연구소 소장으로 올 수 있겠느냐는 제안이었다. 정말 제대로 된 정책을 만들어서 제대로 된 정치를 해보자는 이 제안이 오히려 내 마음을 움직였다. 경제학자로서 IMF 위기를 막지 못했고, IMF 구제금융을 받는 조건으로 구조조정을 시행하는 과정과 내용이 불합리하다는 생각에 여러 가지 정책 제안을 했지만 번번이 관료들의 벽에 부딪히고 정치적 논리에 가로막혀 좌절하고 있던 터였기 때문이다. 경제 문제, 국민들의 먹고사는 문제를 풀어보겠다는 소망을 품고 여의도연구소장직을 받아들였다. 그렇게 정치의 세계로 뛰어들게 됐다.

3

나는 왜 정치를 하는가?

문제는 경제,
그러나 해법은 정치에 있다

2000년 2월 14일 나는 한나라당의 여의도연구소장이 되었다. 보수당의 당원이 된 것이다. 17년 전의 일이지만 정치에 발을 디딘 첫날이라 그 날의 기억은 지금도 생생하다. 당시 여야 극한대치 상황에서 한나라당 당사를 에워싸고 있는 수많은 경찰병력의 벽을 겨우 뚫고 당사건물 안으로 들어가 이회창 총재로부터 임명장을 받는 것으로 나의 정치인생이 시작되었다.

그런데 고백하자면 여의도연구소장이 되면 무슨 일을 어디까지 해야하는 건지는 정확히 알지 못했다. 정당의 연구소니까 내가 일하던 KDI와는 다를 것이고 뭔가 현실정치에 도움이 되는 정책과 공약을 만들어야 하지 않을까라는 막연한 생각뿐이었다. 막상 가서 보니 당시 야당이었던 한나라당의 여의도연구소는 당사 건물의 한 층을 쓰고 있다는 점

2000년 2월 14일 이회창 한나라당 총재로부터 여의도연구소장 임명장을 받는 모습.

을 빼고는 제대로 갖춰진 게 거의 없을 정도로 열악했다. 연구소 살림
은 찢어지게 가난하고 인력은 부족하기 짝이 없었다. 박사급 인력 네
명, 나머지 직원을 모두 합쳐도 열 명도 채 안 되는 작은 조직이었다. 그
때 같이 일했던 동료 중 한 분이 보건복지부 장관을 지냈고 지금 나의
대선캠프를 맡고 계신 진수희 전 국회의원이다.

　나는 연구소장이지만 이제 막 연구소에 첫 직장을 잡은 젊은 연구원
처럼 일했다. 첫 출근 날부터 3년 반 뒤 사퇴하는 날까지 나는 가장 밤늦
게 퇴근하는 연구소 직원이었다. 일은 그냥 필요하다면 닥치는 대로 했
다. 연설문이라는 것도 처음 써보게 됐다. 그것도 나의 연설문이 아니라

다른 사람이 읽는 연설문이었으니 처음엔 이런 걸 어떻게 써야 할 지 도무지 감도 잡히지 않았다. 그래서 수많은 연설문들을 읽기 시작했고 모르고 막히는 부분에 대해서는 전문가들에게 이해될 때까지 물었다. 경제 외의 정책 분야에 대해서도 보고서를 써야 할 때가 훨씬 더 많았다.

연설문 중에 가장 어려웠던 일은 국회 교섭단체 대표연설문을 작성하는 일이었다. 이회창 총재와 박근혜 대표를 위해 국회 대표연설을 쓰기도 했는데, 이 연설들은 쓸 때마다 여러 날 밤을 지새야 할 정도로 힘든 일이었다. 국정의 모든 중요한 과제에 대한 정당 대표의 입장을 밝히는 연설인 만큼 그 속에는 정책과 정치가 모두 녹아들어야 한다. 제일 어려운 일은 내가 연설자가 아니니까 연설자의 입장에서 글을 써야 하는 것이었다. 초안을 작성하고 나면 사람들을 불러모아 토론을 거쳐 고치고 또 고치는 일들이 반복되어 연설하는 당일 새벽이 되어서야 최종본이 완성되는 힘든 과정을 거쳤다. 그래도 남는 이견은 이견으로 남겨졌다. 훗날 새누리당 원내대표가 되어 2015년 4월 8일 내 연설을 내 손으로 직접 쓸 때에는 마음이 훨씬 편했다.

이런 일들을 하면서 연구소장이 된 지 얼마 지나지 않아 나 자신이 이제 경제의 영역을 벗어나 새로운 세계에 들어섰음을 실감했다. 정치연설을 쓰고, 남북관계와 대북정책에 대해 들여다보고, 복지 노동과 교육에 대해 개선방안을 찾고, 여성문제에 대해 토론하는 등 여의도연구소장의 일은 한마디로 종합적인 정책능력을 키우는 고된 훈련과정이었고, 거기에다가 정치적 판단력까지 요구받는 자리였다. 자칫 수박 겉핥기 식의 얄팍한 지식으로 포장만 그럴듯하게 하기 쉬운 상황이었으나 그렇게 하다가는 큰 실수를 저지를 수도 있었다. 그래서 모르는 분야는 그 분야의 에이스가 누구인지, 숨은 고수가 더 없는지 여기저기 수소문을 해서 전문가들의 의견을 꼭 경청하려고 노력했다. 다행히도 비록 야당이지만 국회의 제1당이고 유일한 보수정당이라 최고의 전문가들로부터 자문을 구하는 일이 어렵지만은 않았다.

그 때 알게 된 다양한 분야의 보석 같은 인재들의 네트워크는 그 후에도 나에게 가장 중요한 자산이 되었고, 여의도연구소장을 지낸 3년 반은 정말 힘들었지만 나에게 종합적인 정책능력이라는 생각지도 않았던 선물을 가져다준 소중한 시간이었다.

여의도연구소장으로 올 때만 해도 내가 정치의 한복판에서 직접 정치를 하겠다는 생각은 없었다. IMF 위기를 막지 못했다는 자괴감, 국민들의 삶이 무너져 실직당하고 거리로 나앉는 현실 앞에서 처절하게 느꼈던 무력감이 나 같은 경제학자를 정치의 세계로 뛰어들게 했지만, 국민들이 먹고사는 경제 문제를 해결하겠다는 신념 외에 다른 생각은 없었다. 다시는 우리 경제가 외부 요인에 의해 망가지고 흔들리지 않도록 내실을 다지고 탄탄한 밑그림을 그리는 경제정책을 마련해서 국가정책으로 실현될 수 있도록 야당을 돕겠다는 생각뿐이었다. 정치를 했다기보다 정책을 했던 시기였다.

그러나 처음 품었던 그 꿈은 이뤄지지 않았다. 한나라당 대선후보였던 이회창 총재는 40%대의 지지율을 얻으며 대세론이라는 말까지 들었지만 2002년 12월 19일의 대통령 선거에서 패배하고 말았다. 이회창 총재의 두 번째 도전은 여러 가지 변수와 악재가 겹치면서 결국 실패했고, 그와 함께 2000년부터 3년 가까이 내가 그렸던 국정 전반에 걸친 정책 해법들도 빛을 보지 못하고 사장되고 말았다.

춘천에서
세월을 낚다

2002년 대통령 선거에서 지고 난 뒤 몇 달간은 아무 것도 할 수 없었다. 3년 동안 세상을 잊고 매달렸는데 받아들이기 힘든 결과였다. 울고 싶었지만 울 수도 없었다. 국민의 선택은 나의 선택과 달랐다. 어디서 잘못됐을까, 만약 그 때 이랬더라면……. 지나간 날들에 대한 가정을 하다 보면 더 괴로웠다. 뉴스는 보기도 싫어서 케이블TV 채널의 어지간한 영화들은 다 봤다. 술을 마시다 지치면 잠들고, 눈을 뜨면 멍하니 있는 시간이었다. 언제 깨고 언제 잠들었는지 몰랐다. 그렇게 그 해 겨울을 보내고 나니 봄이 왔다.

내 처지를 딱하게 여긴 춘천 한림대 경제학과의 김인규 교수가 한림대에서 경제학을 한 과목 가르쳐보지 않겠냐고 제안했다. 뭐든지 해야 다시 살 수 있을 것 같은 시기였다. 대선 패배 직후 대구시 부시장 제안을 받은 적도 있었지만, 당장 공직에 가는 것은 적절치 않다는 생각에 거절했었다. 한림대의 강의 제안은 마음의 부담 없이 정말 감사하게 받았다. 2003년 봄부터 시작된 춘천행은 그 다음 해까지 세 학기 동안 이어졌다. 매주 화요일 아침 먹고 집을 나서서 경춘국도를 타고 춘천에 도착해 강의하고 화요일 밤 춘천에서 자고 수요일 강의하고 서울로 돌아오는 생활이 시작되었다.

춘천에서의 1년 반은 내게 평생 잊지 못할 시간이었다. 2004년에 한림대를 떠나면서 나는 모교인 서울대 경제학부 소식지에 이런 글을 썼다.

꽃이 언제 피고 언제 지는지를 모르고 몇 년을 악발이 같이 살았던 터라 제 눈에는 춘천 가는 길에 매주마다 색깔과 몸집이 변하는 산과 강과 들판을 감상하는 게 정말 새로운 경험이었습니다. 물안개라고 자욱이 끼는 날이면 무릉도원이 따로 없습니다. 저에게 새로운 직업을 알선해준 그 친구는 제가 춘천이라는 유배지에 귀양살이를 왔다고 하지만 천만의 말씀입니다.

화요일 오후 두 시간 수업을 마치고 나면 자동차로 강원도를 탐험하기도 합니다. 봄비가 촉촉하게 내리는 날 소양호를 따라 꼬불꼬불하게 난 인제 가는 국도로 차를 몰면 우리나라에 이렇게 한가한 길이 있나 싶을 정도입니다. 내린천 주위를 돌아보다가 해가 지면 홍천으로 빠져 중앙고속도로를 달려 돌아오면 금방 춘천입니다. 저녁은 짜장면으로

때우거나 순대국 한 그릇에 소주 한 병이면 딱 좋습니다. 솔직히 누가 저녁을 같이 먹자고 하는 날은 춘천을 즐기는 자유를 빼앗긴 기분에 좀 부담스럽습니다. 그래도 이 친구들 덕분에 춘천 교외의 허름한 식당에서 먹어본 묵사발과 두부는 최고였습니다.

한림대에서 지난 세 학기 동안 한국경제론과 산업경제학을 가르쳤습니다. 교과서대로 가르치기 싫어서 교재 없이 강의노트를 만들어 경제의 현장에서 일어나는 일들에 대해 제가 아는 것 위주로 강의를 했는데 학생들에게는 그게 생소하기도 하고 신기하기도 했던 모양입니다. KDI와 여의도연구소에서 경제정책이 어떻게 결정되고 정치논리가 정책을 어떻게 왜곡시키는지를 신물나도록 봐왔던 터라 현실을 자세히 설명해주면 학생들이 퍽 재미있게 듣습니다. 저는 학생들에게 제발 좀 신문을 읽으라고 권합니다. 제 강의노트는 항상 지난 일주일 동안의 신문기사나 칼럼, 사설, 그리고 새로 나온 자료들 중에서 학생들이 꼭 읽어볼 만한 것들의 리스트로 시작합니다. 그리고 수업을 시작하기 전에 그 내용을 간략히 소개도 해줍니다. 신문기사를 읽고 이해하고 비판할 능력만 있다면 하산해도 좋다는 심정으로 한국경제를 가르칩니다.

처음 한림대로 가기로 결정되었을 때 한림대 경제학과 자유게시판에는 한나라당의 '수구꼴통'이 온다는 비판의 글이 올라오기도 했습니다. 그러나 일단 학생들과 대화를 시작하고 나니 보수야당 출신이라는 건 아무 문제가 되지 않았습니다. 지금도 마음을 쉽게 열어준 학생들

에게 고맙게 생각합니다.(「춘천 가는 길」, 2004년)

　내 수업을 들은 학생들은 주로 98, 99, 00, 01, 02 학번들이었다. 내 아들 녀석과 비슷한 또래의 젊은이들이었는데, 남학생들은 일찍 군대 다녀온 친구들이 많았고 여학생들도 졸업을 늦춰가면서 취업준비를 하는 학생들이 많았다. 한림대 학생들은 참 착했고 성실했다. 수업도 열심히 따라오고 처음 보는 황당한 시험문제를 내줘도 내가 깜짝 놀랄 정도의 답안을 써냈다.

　춘천에서 학생들의 맑고 초롱초롱한 눈을 보면서 나도 조금씩 기운을 차렸다. 수업은 선생과 학생이 서로 주고받는 상호작용이다. 학생들의 푸릇푸릇함이 나에게 힘이 되었다. 나도 최선을 다해 수업을 준비했다. 한국 경제 위기는 어떻게 초래된 것인지, 경제정책이란 어떤 과정을 거쳐서 만들어지는지, 앞으로 한국 경제의 방향은 어떻게 가야 하는지, 알고 경험한 것들을 쏟아부어서 가르쳤다. 학생들도 잘 따라와줬다.

　기말고사를 끝내고 나면 학생들과 어울려 소양댐 아래 식당으로 닭갈비를 먹으러 가거나 학교 앞 삼겹살 집에서 소주잔을 기울이며 이런 저런 얘기를 나눴다. 시험에, 취업걱정에 짓눌리는 청춘들의 하소연을 듣다보면 밤이 깊었다. 그 때 가르쳤던 학생 가운데 일부는 공기업, 은행 등에 취업했고 몇몇은 내가 국회의원이 된 다음에 내 방에서 인턴을 하기도 했다. 십수 년 전 인연이지만 지금까지 연락을 주고받고 있다. 2016년 9월 한림대를 떠난 지 12년 만에 한림대를 다시 찾아가서 '왜 정의인가?'를 주제로 강의를 하면서 추억이 새로웠다. 내가 가르친 학생들 중에 한림대 직원으로 근무하는 친구가 인사를 하러 와서 무척 반가웠다. 결혼해서 가정을 꾸렸다고 얘기하는데도 10년 전 풋풋했던 대학생의 모습이 여전히 겹쳐 보였다.

이렇게 강원도의 힘이 나를 치유해갔다. 강원도는 나만의 특별한 의미가 있는 치유의 땅이 되었다. 그래서 지금도 강원도에 들어서면 마음이 편안해진다. 그러나 경춘국도를 오가던 시간은 그리 오래 가지 못했다. 나는 별의별 우여곡절을 겪은 끝에 2004년 17대 국회 비례대표가 되어 다시 여의도로 돌아왔다.

지역구에서
'사람'을 만나다

2005년 대구 동구 을 재보궐선거에서 힘겨운 승리를 거둔 뒤 11월 중순에 박근혜 대표의 비서실장직에서 물러났다. 지역구 국회의원이 된 나는 지역구 곳곳을 다니면서 선거 때 제대로 만나지 못했던 주민들을 만났다.

비례대표 의원과 지역구 의원의 가장 큰 차이는 지역주민, 즉 사람에 있다. 1년 반 동안 국회의원 생활을 했지만, 지역구 의원은 완전히 다른 생활이었다. 지역구 유권자들의 마음, 민심을 얻어야 하기 때문이다. 동구 을 지역은 대구에서도 낙후된 곳이다. 지금은 혁신도시가 들어서고 아파트도 많이 들어섰지만 10년 전만 해도 오래된 도시 외곽의 낡고 낙후된 모습 그대로였다.

방촌시장, 불로시장, 반야월시장에 가면 거리에서 조그맣게 전을 펴

놓고 장사를 하시는 어르신들이 많다. 갈 때마다 따뜻하게 반겨주시는 그 분들의 손마디에는 거친 세월의 흔적이 역력하다. 하루하루 살아가기 팍팍한 이 어르신들이 한나라당과 나의 든든한 지지자였다. 힘든 와중에도 이렇게까지 나와 한나라당을 응원해주시는데 우리는 과연 무엇을 해드리고 있나, 자꾸만 돌아보게 되었다. 이 분들에게 이만큼의 환대를 받을 자격이 있나, 뵐 때마다 죄송한 마음이 들었다.

뭐라도 해드리고 싶었다. 리어카를 힘들게 끌고 다니며 물건을 파는 분들에게는 장사가 더 잘되게 해드리고 싶었고, 폐지 수집해서 하루에 만원도 못 버는 할머니를 도와드리고 싶었고, 쓰러질 듯한 경로당도 고쳐드리고 싶었고, 아이들의 열악한 교실도 고쳐주고 싶었고, 취직 때문에 절망하는 청년들을 만나면 어떻게든 취직을 시켜주고 싶었다. 이 분들이 원하는 것들을 정치를 하는 내가 어떻게 해결해드릴 수 있을까? 지역구 국회의원이 된 나에게 그만큼 절박한 문제는 없었다.

지역구인 대구 동구 시장에서.

그런데 훨씬 더 어려운 문제들이 있었다. 내 지역구 한복판에는 우리나라에서 제일 중요한 K2 공군비행장이 있다. 초창기에는 도시 외곽이라 큰 문제가 없었지만 K2 공군기지 주변을 주택들이 에워싸게 되면서 수십 년째 이 기지를 옮기는 것이 숙원사업이 되었다. 그런데 전투기 소음과 고도제한 때문에 고통당하면서도 주민들은 사실상 포기하고 있었다. 내 지역구인 팔공산 아래 공산면에서 태어난 노태우 대통령도 선거 때 K2를 옮기겠다고 공약만 해놓고 지키지 못했으니 주민들이 체념하고 사는 것도 이해할 만했다.

그러나 전투기 소음이 얼마나 심각한지 직접 겪어본 내 생각은 달랐다. 대도시 한복판에 공군기지를 두는 것은 주민들의 기본적 인권 문제였고, 대구의 발전을 위해서도 수천만 평의 고도제한을 풀려면 K2 이전이 꼭 필요했다. 또 일제강점기에 만든 열악한 활주로와 200만 평밖에 안 되는 협소한 기지는 공군 전력과 국가안보를 생각해서라도 그 두 배 이상의 규모로 확장해 외곽으로 이전하는 것이 옳다는 생각이 들었다. 그래서 K2 이전을 꼭 해내겠다고 결심하고 2005년 선거공약으로 제시했다. 주변에서 말렸지만 나는 결심이 확고해졌고 공약을 지키기 위해서 2008년부터 국방위원회에 가서 매달렸다. 2008년부터 시작한 이 일은 2013년 「군공항 이전 및 지원에 관한 특별법」을 제정함으로써 첫 결실을 맺었고, K2 이전은 이 법에 따라 착실하게 진행되고 있다.

또 다른 어려운 문제는 공군기지와 얼마 떨어져 있지 않은 안심2동의 연탄공장이었다. 서울 왕십리나 신도림동은 연탄공장 부지를 재개발해서 놀라운 변신을 했는데, 왜 이 지역의 연탄공장은 수십 년째 저탄장의 연탄가루를 날리면서 도심에 그대로 있는 것인지 이해가 되지 않았다. 나는 연탄공장을 이전하거나 폐쇄하겠다고 공약했다. 연탄공장들은 민간이 소유한 땅에 세운 민간기업이라 회사가 버티니 설득하기가 쉽지 않았다. 그렇게 시작된 연탄공장 문제도 공약한 지 10년이 지난 2015년에 와서야 재개발계획이 확정되어 주민들과의 약속을 지킬 수 있었다.

국민들과의 약속을 지킨다는 것, 이것보다 더 중요한 게 있을까? 사람들이 불가능한 일이라고, 과거에도 선거 때마다 표 얻으려고 모든 후보들이 공약으로 내세웠다가 지키지 않았으니 그런 약속 해봤자 믿어주지도 않을 거라고, 주변에서 뜯어말렸는데 나는 그렇게 생각하지 않았다. 약속해놓고 지키지 않은 정치인들이 많다는 건 나도 잘 안다. 그러나 일은 사람이 하는 것이다. 나는 끈질기게 물고늘어져서 결국 이 지역에서 수십년 동안 체념한 채 포기하고 살았던 일, 그러나 꼭 해야만 했던 일을 해냈다.

나는 왜 정치를 하는가?
날마다 던지는 질문

나는 왜 정치를 하는가?

평범하고 당연한 질문이다. 그런데 이 질문에 대한 답이 내 가슴속에서 또렷이 들리기까지는 많은 시간이 필요했다. 지금 생각하니 부끄러운 얘기지만, 2000년 2월 정치를 시작했을 때 나는 "왜 정치를 하는가?"에 대해 깊은 생각이 없었던 것 같다. 충분히 준비되지 못한 상태에서 시작했고, 현실의 정치 속에서 이리 저리 끌려 다니면서 헤맸던 시간이 많아서 그랬던 거 같다.

이 질문에 대한 답이 또렷해질 무렵인 2011년 나는 한나라당 전당대회 출마를 결심했다. 11년간 고민해온 정치의 새로운 좌표를 설정했음을 알리는, '정치인 유승민의 홀로 서기'를 알리는 시작이었다.

나는 프란치스코 교황의 팬이다.

가톨릭 신자는 아니지만 나는 프란치스코 교황님을 정말 존경한다. 교황의 말씀 한 마디 한 마디가 나에게 깊은 감동을 준다. 그 분의 말씀을 읽다보면 인간의 삶에 대한 진심어린 이해와 경험, 통찰의 깊이를 절감한다. 처음에 몇몇 기사에 난 교황의 말씀을 읽고 친분 있는 신부님들께 어린아이처럼 감동 먹은 얼굴로 "교황님이 너무 좋다"고 말씀드렸더니 교황의 말씀을 모아둔 책자를 안내해주셨다. 읽을수록 더 교황을 존경하게 되었다.

역대 교황님들이 다 하느님의 말씀을 전하면서 약자를 돌보는 모범적인 모습을 보여주셨지만, 프란치스코 교황은 우리와 다르지 않은 감성을 보이면서 더 가까이 다가와 소통한다는 점에서 남달랐다. '멀리 세상과 거리를 두고 떨어져 원망하지 말고 그저 마음을 다스리라'는 박제된 종교 메시지가 아니라 '세상으로 나아가 적극적으로 세상을 바꾸라'는 교황의 개혁정신에 공감하는 부분이 많았고 힘을 얻었다. 266대 교황으로 선출되면서 왜 세상과 소통하고 개혁을 중시한 아시시의 성인 프란치스코의 이름을 선택했는지 이해가 되는 것 같다.

"사랑을 실천하는 한 방법으로 정치에 참여해야 합니다. 정치가 혼탁하다고 해서 그리스도인들이 참여하지 않는다면, 정치는 계속 혼탁하게 될 것입니다."

(2013년 6월 7일 예수회 학교 학생들과의 만남)

"교회의 사회교리에 따르면 정치란 가장 높은 형태의 자선입니다. 정치가 공공의 선에 봉사하기 때문입니다. (빌라도처럼) 손을 씻고 뒤로 물러나 있을 수는 없습니다. 좋은 가톨릭 신자라면 정치에 관여해야 합니다. 스스로 최선을 다해 참여함으로써 통치자들이 제대로 다스리게 해야 합니다."

(2013년 9월 16일 성녀 마르타의 집 소성당 미사 강론)

"사회와 국가의 정의로운 질서를 마련하고 유지하는 일이 정치의 주요 사명이라면, 교회는 정의를 지키기 위한 길에서 옆으로 비켜서 있을 수도 없고 그래서도 안 된다."

(2014년 『복음의 기쁨』 183항)

"세상으로 나가자. 나는 좁은 곳에 갇혀 자기 안위에만 집착하는 건강하지 못한 교회보다 거리로 나와 다치고 멍들고 더러워진 교회를 더 좋아한다."

(2014년 『복음의 기쁨』 49항)

"요셉 성인처럼, 교황은 팔을 벌려 하느님의 모든 백성을 보호하고 모든 인류, 특히 가장 가난하고 가장 힘없고 가장 보잘 것 없는 이들을 부드러운 사람으로 끌어안아야 합니다."

(2013년 3월 19일 즉위 미사 강론에서)

"정치는 종종 폄하되기도 하지만 여전히 고결한 분야이고, 그것이 공공의 선을 추구하는 한 사랑을 베풀 수 있는 최고의 방법이다. 나는 사회의 현실, 국민, 가난한 사람들의 삶을 진지하게 고민하는 정치가들을 우리에게 더 많이 허락해 달라고 주님께 간절히 기도한다! 정부 지도자와 경제 지도자들이 더 세심한 주의를 기울이고 그들의 시각을 더 확대하는 것이 아주 중요하다. 그들은 모든 시민이 당당하게 일하고, 원하는 교육을 받고, 적절한 의료혜택을 받을 수 있도록 최선을 다해야 한다."

(2014년 『복음의 기쁨』 205항)

"만일 그리스도인이 정치 참여를 꺼린다면 세상의 빛과 소금이 되라는 평신도의 소명을 저버리는 것입니다."

(2015년 4월 30일, 이탈리아 CLC(Christian Life Community)와
학생선교연합회원과의 만남에서)

교회의 소명은 무엇인가? 이 물음에 대해 프란치스코 교황은 '손을 씻고 뒤로 물러나 있다고 해서 깨끗해지는 것이 아니라 정치에 참여하는 것이 소명이고, 정치는 공동선을 향한 가장 뛰어난 형태의 자선'이라고 말씀하신 것이다. '자선'이라는 도덕의 언어로 표현했지만, 이는 정치의 언어로 건전한 공동체 가치를 중시하는 공화주의를 말씀하신 것으로 생각되었다. 세상과 동떨어진 현실 도피가 아니라 세상 한 가운데 서서 인간의 고통과 슬픔을 끌어안는 것이 교회의 소명이라는 것 역시 국민과 세상과 동떨어지지 않고 그 한가운데서 고통과 슬픔을 같이 나누는 것이 정치의 소명이라는 뜻으로 와 닿았다.

정치 참여에 대한 프란치스코 교황의 말씀에 내가 남다른 공감을 한 것은 이제껏 생각해온 정치의 역할이 바로 그것이기 때문이었다. 정치를 시작한 뒤 대학교 강연에서나 젊은이들을 만날 때면 내가 항상 하는 말이 있다. "정치를 욕하지만 말고 정말 분노하고, 바꾸고 싶다면 정치에 참여해라. 욕하는 것에서 그치면 세상은 안 바뀐다. 투표장에 나와서 투표하라. 그래서 세상이 바뀐다."

결국 정치가 중요하다. 정치가 모든 것을 결정한다. 국가 운명을 좌우하는 경로를 선택하는 것이 정치의 소명이다. 세상에 분노한다면, 세상이 이래서는 안된다고 생각한다면, 그래서 세상을 바꾸고 싶다면 정치에 참여해야 한다.

원내대표를 사퇴할 때도 나는 국민들께 정치 참여, 현실 참여를 다시 말씀드렸다.

"나는 왜 정치를 하는가?
정치는 현실에 발을 딛고 열린 가슴으로 숭고한 가치를 추구하는 것입니다.
진흙에서 연꽃을 피우듯, 아무리 욕을 먹어도 결국 세상을 바꾸는 것은 정치라는 신념 하나로 저는 정치를 해왔습니다."

(원내대표 사퇴 회견문 중)

정치적으로, 사회적으로 부조리하다고 생각되는 사안과 맞닥뜨렸을 때 취할 수 있는 입장은 크게 두 가지다. 조용히 떠나거나, 남아서 목소리를 내거나(exit or voice). 17년 동안의 정치 생활에서 내가 선택한 쪽은 대부분 남아서 목소리를 끝까지 내는 것(voice)이었다. 그 선택이 옳다고 생각했다. 우리나라 사회에서 목소리를 내기는 쉽지 않다. 목소리를 내기까지 굉장한 용기가 필요하지만 목소리를 냈다는 사실 자체로 매도당하는 경우가 적지 않다. "절이 싫으면 중이 떠나라"며 무조건 조용히 나가라고 등을 떠미는 이들이 많지만 나는 침묵을 지키는 것보다는 욕을 먹더라도 목소리를 내야 세상이 바뀐다고 믿었고, 아직도 그렇게 생각한다.

끝까지 해보고 나서, 0.0001%의 가능성도 없다면 그 때 새로운 길을 찾으면 된다. 그 전까지는 목소리를 내야 한다. 그것이 민주공화국에서는 정치 참여, 투표다.

프란치스코 교황이 여러 차례에 걸쳐 공개적으로 정치 참여를 강조한 것은 어느 나라 할 것 없이 전 세계적으로 빈부격차와 양극화 문제가 대단히 심각하다고 보았기 때문이다.

"나이 든 노숙자가 거리에서 죽으면 기삿거리가 되지 않지만, 주식시장이 조금만 요동쳐도 세상이 시끄러워진다. 어떻게 이럴 수가 있는가? 이것이 바로 배척의 경제다. 한쪽에서는 사람들이 굶어 죽는데 다른 쪽에서는 음식을 내다버리는 어이없는 상황이 계속되고 있다. 이것이 바로 불평등의 경제. 오늘날 모든 것은 경쟁과 적자생존의 법칙에 의해 좌우되고, 그 속에서 힘 있는 자들이 힘없는 자들을 억압한다. 그 결과 다수의 사람들이 자신이 배척되고 하찮은 존재임을 깨닫는다.

그들은 일자리도, 미래에 대한 희망도, 그런 상황에서 벗어날 수 있는 어떤 수단도 없다. 우리는 스스로도 인식하지 못하는 사이에 어느덧 가난한 사람들의 고통에 울지 못하며, 그들을 도와주려는 마음도 들지 않는다. 마치 그런 일들이 우리가 아닌 다른 누군가의 책임인 것처럼 모른 척한다."

(2014년 『복음의 기쁨』 53항, 54항)

"우리는 더 이상 시장이라는 보이지 않는 손과 보이지 않는 힘을 신뢰할 수 없다. 정의 안에서 성장하려면 경제성장을 추구하면서 동시에 그 이상의 다른 성장도 필요하다. 다양한 결정과 프로그램, 메커니즘과 절차를 통해 소득을 공평하게 분배하고, 일자리를 창출하고, 단순한 복지 정책을 초월해 가난한 사람들의 삶을 실질적으로 향상시켜야 한다. 나는 절대 무책임한 포퓰리즘을 제안하는 것이 아니다. 경제가 오히려 새로운 독이 되는 치료법을 더 이상 써서는 안 된다고 경고하는 것이다. 가령 이익을 늘리려고 노동력을 착취하는 것은 결과적으로 소외된 사람들의 수를 늘려서 새로운 위기를 불러온다."

(2014년 『복음의 기쁨』 204항)

"오늘날 세상의 거의 모든 문제들의 이면에는 돈이라는 우상에 대한 숭배 때문에 사람을 착취하는 자본의 '이념적 식민화'가 원인으로 존재한다."

(2016년 7월 27일, '2016 세계청년대회' 참석 중 폴란드 주교들과 가진 대화에서)

"우리는 젊은 부부(요셉과 마리아) 앞에서 자리가 없다고 말하는 베들레헴의 여관 주인들처럼 되지 않도록 요청받았다. 우리 젊은이들이 이 땅에서 미래를 만들어 가기 위한 진정한 가능성을 지닐 수 있도록 돕겠다고 약속하자."

(2017년 1월 1일 성베드로 대성당 성모마리아 대축일 전야 미사 강론)

2014년 우리나라를 방문한 프란치스코 교황은 세월호 유가족들을 만나 따뜻하게 위로하셨다. 정치적으로 비칠지 모른다는 주위의 우려에 대해서는 "인간적 고통 앞에서 중립을 지킬 수는 없다"고 말했다.

가난한 자와 약한 자를 보듬어 안고, 소외받은 자에 대한 사랑을 권면하고 적극 실천하시는 프란치스코 교황의 행보는 부조리한 현실에 목소리를 내기 두려워하는 우리 사회에 큰 울림이었다.

빈부격차의 심화, 자본주의의 탐욕, 그리고 공공선에 봉사하는 정치의 숭고한 역할에 대한 교황의 경고와 우려는 2011년 한나라당 전당대회에 출마할 때 나의 생각과도 일치했다.

국민 여러분, 당원 동지 여러분,

오늘 저는 정치인생을 걸고 당대표에 도전합니다.

경제학자였던 제가 IMF 위기를 겪고 11년 전 정치에 뛰어든 초심(初心)은 국민의 먹고 사는 문제를 해결하겠다는 꿈이었습니다.

노숙자와 실업자가 쏟아지는 현실에 제 가슴속 울분을 못 참고 이 분들의 행복을 제 손으로 꼭 만들어보겠다는 꿈이 있었습니다.

그러나 지금 국민들 마음속의 한나라당은 어떻습니까?

국민은 한나라당을 미워하고 싫어합니다.

우리는 많은 잘못을 저질렀습니다.

국민의 삶이 무너지는데 우리는 국민의 통증을 느끼지도 못했습니다.

진실하지 못해 국민의 신뢰를 잃었습니다.

전리품 인사, 부정부패, 4대강… 우리는 정말 오만했습니다.

보수가 무엇입니까?

부자들은 돈이 많아 주체를 못하는데,

가난한 사람들이 죽어가는 것을 내버려두는 것이 과연 보수입니까?

재벌대기업은 수십조원 이익을 보는데,

중소기업과 자영업자들이 죽어가는 것을 내버려두는 것이 과연 보수입니까?

4대강에는 22조원이나 쏟아 부으면서, 밥을 굶는 결식아동, 수천 만 원 빚에 인생을 저당 잡힌 대학생, 월 백만원도 안 되는 돈으로 살아가는 비정규직, 쪽방에 인간 이하의 삶을 살면서도 기초생활보호도 못 받는 할머니 할아버지,

이 분들을 위해서는 "예산이 없다"라고

뻔뻔스러운 거짓말을 내뱉는 것이 과연 보수입니까?

제가 꿈꾸는 보수는 그런 보수가 아닙니다.

헌법 34조의 '모든 국민이 인간다운 생활을 할 권리'를 보장하는 보수

입니다.

(2011년 6월 19일 한나라당 전당대회 출마선언문 중)

나는 아담 스미스의 '보이지 않는 손'이 말하는 자유시장경제를 공부
했다. 성장 중심의 경제정책을 제시하던 내가 복지를 생각하게 된 것은
정치권에 들어오면서부터였다. 성장이 지속가능하려면 복지와 함께 가
지 않으면 안 된다는 것을 현실 속에서 깨우치게 된 것이었다. '정의 안
에서 성장하려면 경제성장을 추구하면서 동시에 그 이상의 다른 성장
도 필요하다'는 프란치스코 교황의 말씀처럼.

국가안보는 누구보다 정통보수의 길을 가지만, 민생은 고통받는 국
민들의 편에 서겠다. 그리고 보수를 혁신하자는 것이었다. 그것이 내
가 내린 결론, 내가 설정한 정치의 좌표였다. '용감한 개혁'을 내걸고 출
마한 전당대회에서 진정으로 한나라당이 변해야한다고 호소했다. 지금

'용감한 개혁'을 내걸고 출마한 한나라당 전당대회.

변하지 않으면 5년 후, 10년 후 보수는 희망이 없다고 나는 역설했다.

진보정권 10년 만인 2007년, 다시 보수당인 한나라당의 이명박 후보가 당선되었다.

이명박 후보에 대한 여러 가지 문제점과 의혹이 당내 경선과 본선 과정에서 불거졌지만 국민들의 표심에는 영향을 미치지 못했다. 국민들의 선택 기준은 이미 정해져 있었다. 그건 경제였다. 도덕성을 내세우고 집권했던 진보정권들도 아들과 형, 비서 등의 친인척 비리, 뇌물 수수에서 자유롭지 못하는 모습을 지켜본 국민들의 솔직한 요구는 차라리 잘 먹고 잘 살게나 해달라는 거였다. '경제'가 2007년의 시대정신이었다.

'보수가 경제만은 제대로 이끌 것'이라는 기대감을 간파한 이명박 후보는 '경제 대통령'을 내걸었다. 그리고 도덕성 논란마저 잠재우면서 우리나라 대선 역사상 가장 압도적인 차이로 승리했다. 여당 후보보다 530만 표나 더 얻었던 것이다.

그러나 환희 속에 출발한 이명박 정부는 시작부터 삐걱거렸다. 일명 '고소영' 내각은 국민들을 실망시켰고 4대강 공사 강행에서는 530만 표나 더 몰아줬던 국민들에 대한 고마움과 배려는 찾아보기 어려웠다. 변화를 거부하고 기득권 옹호에 급급한 이명박 정부에 대한 실망과 분노는 더해갔다. 그래서 나는 2011년 전당대회에 출사표를 던지면서 보수를 바꾸자고 말했다.

보수(保守)는 말 그대로 지키는 것 아닌가. 국민을 지키는 것은 보수의 책무 중 책무다. 한나라당의 편이 되어준 국민들을, 유권자들을 지켜주지 못하고 그들을 더 힘들게 하고, 엉뚱한데 국가 예산을 쓴다면 민심이 떠나가는 것은 당연한 귀결이다. 보수는 누구를 위해, 무엇을 위해 존재하는가. 근본적으로 바뀌지 않으면 안된다는 절박한 호소였다.

보수가 지켜야 할 또 다른 중요한 가치는 헌법이다. 대한민국을 지켜온, 지탱해 온 힘이 헌법에 있다고 믿기 때문이다. 그래서 시간이 날 때마다 나는 헌법을 꺼내 읽는다. 한 명 한 명이 입법기관인 국회의원으로서 헌법을 제정한 이들의 뜻이 무엇이었는지, 헌법에서 규정한 의무와 가치를 지켜 국민들을 위해 어떤 법률을 만들어야 하는지 잊지 않고 지키기 위해서다. 내가 원내대표 사퇴 연설을 하면서 헌법 1조 1항 "대한민국은 민주 공화국이다," 무소속 출마를 밝히면서 헌법 1조 2항 "모든 권력은 국민으로부터 나온다"를 인용했던 것을 기억하시는 분들이 많다. 하지만 사실 내가 가장 먼저 국민들 앞에서 말씀드린 헌법은 앞의 전당대회 연설문에서 인용했던 34조 "모든 국민은 인간다운 생활을 할 권리가 있다"였다.

대한민국 국민이라면 누구나 최소한의 인간다운 생활을 할 수 있어야 하고 그렇게 될 수 있도록 하기 위해 정치가 존재하는 것 아닌가. 권력 투쟁을 위해, 누가 이기고 누가 지는 싸움을 위해 끼리끼리 나뉘어 다투는 것이 정치가 아니지 않은가. 4대강 사업에 22조는 쓸 수 있는데 인간다운 생활을 위한 최소한의 복지를 위한 예산을 쓰자고 하면 왜 '복지 포퓰리즘'이라는 딱지를 붙이고 결사반대하는 것인가? 그것이 보수인가? 새로운 보수를 하자고 당원들에게 호소했다. 국민들을 향해 부르짖었다.

전당대회에서 2위로 당선되는 바람에 당 대표가 되지는 못하고 최고위원이 되었다. 그마저도 디도스 사태로 인해 당이 위기에 처하면서 나는 5개월 만에 물러났다. 나의 최고위원직 사퇴가 도화선이 되어 박근혜 비대위원장 체제가 들어섰다. 당명을 바꾸고 당의 색깔도 바꿨지만 그 어디에도 내가 꿈꾸던 용감한 개혁은 없었다. 박근혜 후보가 당의 후보가 되고 경제민주화, 복지, 일자리를 강조했을 때에만 해도 일말의 기대감이 있었으나 집권 후 박근혜 정부는 내가 생각하던 보수의 개혁과 점점 더 멀어져갔다.

못다 한 보수 개혁의 꿈은 2015년에 가서야 다시 밝힐 기회가 왔다. 그 해 2월 2일 나는 근본적인 변화와 혁신을 꼭 이루겠다는 약속을 하고 친박의 견제를 뚫고 새누리당의 원내대표로 당선되었다. 4월 8일 국회 본회의장에서 대표연설을 하게 되었다. '용감한 개혁' 이후 4년의 세월 동안 더해진 정치에 대한 고민과 성찰을 담아 밤을 꼬박 새워가며 교섭단체 대표연설문을 썼다. '나는 왜 정치를 하는가'에 대한 해답을 거의 찾았다. 2011년 6월의 전당대회 출마선언문과 2015년 4월 국회 교섭단체 대표연설문 전문을 독자들과 나누고자 한다.

용감한 개혁

국민 여러분, 당원 동지 여러분,
오늘 저는 정치인생을 걸고 당 대표에 도전합니다.

경제학자였던 제가 IMF 위기를 겪고 11년 전 정치에 뛰어든 초심(初心)
은 국민의 먹고사는 문제를 해결하겠다는 꿈이었습니다.
노숙자와 실업자가 쏟아지는 현실에 제 가슴속 울분을 못참고
이 분들의 행복을 제 손으로 꼭 만들어보겠다는 꿈이 있었습니다.

그러나 지금 국민들 마음속의 한나라당은 어떻습니까?
국민은 한나라당을 미워하고 싫어합니다.
우리는 많은 잘못을 저질렀습니다.
국민의 삶이 무너지는데 우리는 국민의 통증을 느끼지도 못했습니다.
진실하지 못해 국민의 신뢰를 잃었습니다.
전리품 인사, 부정부패, 4대강…… 우리는 정말 오만했습니다.

2004년 탄핵 때보다 지금이 더 심각한 당의 위기입니다.
그 때는 대선자금과 탄핵에 대해 진심으로 용서를 빌었고
야당을 살려달라는 호소가 국민의 마음을 조금은 움직였습니다.
그러나 지금은 무한책임을 진 여당으로서
국정 전반의 실패에 대해 입이 열 개라도 할 말이 없습니다.
부끄럽습니다. 깊이 반성합니다.

보수가 무엇입니까?

부자들은 돈이 많아 주체를 못하는데,

가난한 사람들이 죽어가는 것을 내버려두는 것이 과연 보수입니까?

재벌대기업은 수십조 원 이익을 보는데,

중소기업과 자영업자들이 죽어가는 것을 내버려두는 것이 과연 보수입니까?

4대강에는 22조 원이나 쏟아부으면서,

밥을 굶는 결식아동,

수천만 원 빚에 인생을 저당잡힌 대학생,

월 백만 원도 안 되는 돈으로 살아가는 비정규직,

쪽방에 인간 이하의 삶을 살면서도 기초생활보호도 못 받는 할머니 할아버지,

이 분들을 위해서는 "예산이 없다"라고

뻔뻔스러운 거짓말을 내뱉는 것이 과연 보수입니까?

제가 꿈꾸는 보수는 그런 보수가 아닙니다.

제가 꿈꾸는 보수는 정의롭고 평등하고 공정하며, 진실되고 책임지고 희생하며, 따뜻한 공동체의 건설을 위해 땀흘려 노력하는 보수입니다.

헌법 34조의 '모든 국민이 인간다운 생활을 할 권리'를 보장하는 보수입니다.

2007년 경선 패배 후 친박이라는 이유로 저는 입을 닫고 침묵했습니다.

제 젊음이 남아 있는 한, 제 열정이 식지 않는 한,

당과 나라를 위해 일하고 싶은 마음은 간절했지만 참아야 했습니다.

그러나 이제는 행동하겠습니다.
제가 사랑하는 한나라당, 제가 꿈꾸는 보수에
등을 돌린 민심을 되찾기 위해 절박한 심정으로 나서겠습니다.

야당 7년에 비주류 4년, 지난 11년간 저의 정치역정은 순탄치 않았습니다. 그러나 단 한 번도 제 자신의 영달을 위해 변절하지 않았습니다.
원칙과 소신을 지키기 위해 최선을 다했습니다.
신의와 용기의 정치를 했다고 감히 자부합니다.

이제 저의 정치인생을 걸고 용감한 개혁에 나서겠습니다.
용감한 개혁으로 당과 나라를 구하고 보수를 구하겠습니다.

국민을 대했던 잘못된 자세부터 바꾸겠습니다.
공정을 말하면서 공정하지 못하게 대기업과 가진 자의 편을 들고, 끼리끼리 나눠먹는 자세를 고치겠습니다.
책임을 말하면서 아무도 책임지지 않는 염치없는 자세를 고치겠습니다.
희생을 말하면서 기득권을 놓지 않았던 자세를 고치겠습니다.

국민 여러분, 당원 동지 여러분,

용감한 개혁은 당의 노선과 정책을 획기적으로 바꾸는 것입니다.
IMF 위기 후 10년을 집권한 민주당도, 4년을 집권한 한나라당도,

양극화 문제를 해결하는 데 모두 실패했습니다.

수천억을 버는 재벌과 백만 원이 없어서 자살하는 사람들,

이 양극을 그대로 두고는 공동체를 유지할 수도, 국민통합을 이룰 수도 없습니다. 그런 약육강식의 자본주의는 한나라당의 갈 길이 아닙니다.

한나라당은 노선과 정책의 새로운 지향을 고통받는 국민에게 둬야 합니다.

빈곤층, 실업자, 비정규직, 영세자영업자, 택시운전사, 맞벌이 부부, 무의탁노인, 결식아동, 장애인, 신용불량자…….

이런 어려운 분들의 행복을 위해 당이 존재해야 합니다.

선거를 앞두고 진보를 흉내 내자, 좌파 포퓰리즘으로 표를 얻자는 차원이 아닙니다.

어려운 국민을 위한 정당으로 우리 보수가 진정 변하지 않으면 5년 후, 10년 후에도 한나라당은, 보수는 희망이 없기 때문입니다.

우리는 야당 시절 국민기초연금을 추진했던 개혁적 전통을 갖고 있습니다.

성장과 복지가 선순환하는 따뜻한 공동체를 만들어가는 용감한 개혁을 시작해야 합니다.

제가 당 대표가 되면 노선과 정책의 획기적인 변화를 행동으로 보여드리겠습니다.

감세를 중단하겠습니다.

국가재정을 위해서도, 복지에 쓸 돈을 위해서도, 감세는 중단해야 합니다.

종부세를 폐지했을 때 몇 만 원 세금을 못 내고 독촉장에 시달리던 분이 "너희들이 말하던 감세가 이런 거냐?"라고 물었을 때 저는 할 말이 없었습니다.

그 날로 그 분의 마음은 한나라당을 떠나버렸습니다.

토목경제가 아니라 사람을 위해, 국민을 위해 돈을 쓰겠습니다.

4대강 22조 원, 절실하지 않은 SOC 예산을 과감하게 줄여서 이 돈을 복지, 교육, 보육, 등록금, 청년실업, 비정규직 등 사람을 위해 쓰겠습니다.

자식들이 나 몰라라 하는데도 자식이 있다는 이유만으로 기초생활보호의 사각지대에 놓여 있는 할머니, 할아버지를 두고 어찌 복지를 논하겠습니까?

이 분들을 위해 이 돈을 쓰겠습니다.

4인 가족의 소득이 144만 원을 조금만 넘어도 국가의 도움이라곤 한 푼도 못 받는 차상위계층을 위해 이 돈을 쓰겠습니다.

사회보험의 사각지대에 놓인 영세사업장의 근로자들에게 사회보험의 우산을 받쳐드리기 위해 이 돈을 쓰겠습니다.

장애아동과 그 식구들에게 더 큰 도움을 드리는 데 이 돈을 쓰겠습니다.

우리 아이들 밥을 제대로 먹이는 데 이 돈을 쓰겠습니다.

야당이 주장하는 무상급식은 정책목표가 옳기 때문에 과감하게 받겠습니다.

그러나 무상급식을 말하기 전에 학기 중에는 아침 저녁을 굶고 방학 때는 점심마저 굶어야 하는 결식아동의 문제부터 먼저 해결하겠습니다.

70%를 고집하지 않고 지자체의 결정에 맡기겠습니다.

무상보육도 과감하게 받겠습니다.

보육료 지원뿐 아니라 아이를 안심하고 맡길 수 있는 공보육을 대폭 확대하는 데 이 돈을 쓰겠습니다.

다만 이러한 정책들은 책임 있는 정당답게 나라살림의 우선순위를 잘 살펴서 실현가능한 단계적 계획을 마련해서 국민 앞에 약속하겠습니다.

비정규직 문제를 해결하는 한나라당이 되겠습니다.

비정규직의 수부터 줄이겠습니다.

정부와 공기업부터 비정규직을 의무적으로 줄이고 정규직으로 전환하는 중소기업에 대해서는 국가가 지원을 하겠습니다.

2년 뒤 정규직으로 전환하는 규제는 일관되게 유지하겠습니다.

차별의 사각지대에 놓인 사내도급 근로자들을 차별금지의 대상에 넣겠습니다.

모든 비정규직에 대해서 근로감독을 강화하고 차별에 대한 징벌적 배상제도를 도입하겠습니다.

차별을 고발하면 일자리를 잃는다는 두려움에 떠는 비정규직을 보호하기 위해 대표신청시정제도를 도입하겠습니다.

대기업에게 정규직과 비정규직의 현황을 공개할 것을 의무화하여 강력한 사회적 압박을 가하겠습니다.

청년실업은 가족의 불행이자 우리 사회 전체의 불행입니다.

젊은이들이 꿈을 꿀 수 있도록 우리 사회가 적극 고통을 분담해야 합니다.

대기업도 말로만 사회적 기여를 떠들 게 아니라 청년에게 하나라도 일자리를 더 만들어주는 것이 가장 큰 사회적 기여라는 인식을 가져야 합니다.

공기업과 대기업에게 한국형 로제타 플랜(Rosetta Plan)인 청년의무고용할당제를 도입하겠습니다.

이들이 의무비율을 못 지킬 경우 부담금을 내도록 해서 중소기업에 취업하는 청년의 임금보조에 쓰겠습니다.

등록금 문제는 혈세를 투입하기 전에 거품을 빼서 등록금을 낮춰야 합니다.

감사원의 감사결과가 나오면 당은 곧바로 대학개혁에 착수하겠습니다.

대학재정을 투명하게 공개하고 법정전입금도 반드시 지키도록 만들겠습니다.

등록금 인상에 대한 상한제를 더 엄격하게 바꾸고 부실한 대학은 과감하게 구조조정하겠습니다.

개혁으로 거품을 빼면서 저소득층 자녀에 대한 국가장학제도를 확대하겠습니다.

학자금 대출의 이자부담을 절반 이하로 낮추기 위한 예산지원도 늘리겠습니다.

취업준비의 부익부 빈익빈을 시정하기 위해 저소득층 자녀의 취업준비 계좌제를 도입하겠습니다.

대기업과 중소기업의 상생을 위해 중소기업들이 가장 고통을 받고 있는 하청단가와 불공정계약의 문제부터 해결하는 데 주력하겠습니다.

대형마트와 SSM 규제도 더 강화해서 동네 골목상인들의 생존권을 지키겠습니다.

국민에게 물가 고통만 준 저금리 고환율 정책을 바꾸겠습니다.

가계부채라는 시한폭탄에 적극 대응하는 정책을 내놓겠습니다.

지역균형발전을 한나라당이 추구해야 할 새로운 가치로 정립하겠습니다.

세종시, 혁신도시, 동남권 신공항 등의 문제에서 저는 일관되게 지역균형발전의 가치를 행동으로 지켰습니다.

민생은 진취적으로 나아가되 국가안보는 정통보수답게 지키겠습니다.

천안함과 연평도…… 국가안보의 위기 앞에 저는 결연히 나섰습니다.

대한민국을 지키기 위해서라면 국군통수권자에 대한 비판도 주저하지 않았습니다.

해병대 연평부대의 김진권 일병은 적의 포탄에 맞아 위, 쓸개, 십이지장, 하대정맥이 모두 파열되고 오른쪽 발이 크게 다쳐 아직도 어려운 수술을 받고 있습니다.

김진권 일병은 우리 모두의 아들입니다.

우리 국민과 국군의 생명을 지키고 나라를 위해 싸운 용사들을 잊지 않고 끝까지 보답하는 한나라당이 되겠습니다.

국민 여러분, 당원 동지 여러분,

저는 용감한 개혁으로 당을 바꾸겠습니다.
당의 변화는 사람의 변화입니다.
내년 총선도, 대선도 모두 사람입니다.

당 대표가 되면 친이 친박 가리지 않고 오로지 깨끗하고 유능한 분들과
함께 일하겠습니다.
친박이 제일 많은 대구에서 저는 지난 1년간 시당위원장을 맡아 '친이
친박 따지지 않겠다'는 처음 약속을 끝까지 지켰습니다.
친이 친박 갈등은 2007년 8월 20일 이명박 후보께서 당선 직후 박근혜
후보를 화끈하게 껴안아주셨다면 4년 전 그 때 이미 해결됐을 문제입
니다.
오바마가 힐러리에게 했던 것처럼 감동적인 승복과 감동적인 포용 말
입니다.
이제 결자해지의 차원에서 그 누구보다 치열하게 경선을 치렀던 저에
게 친이 친박 갈등을 해결할 의무와 자격이 있다고 생각합니다.

당의 외연을 넓히겠습니다.
국민의 존경과 사랑을 받는 분들, 당이 새롭게 추구하는 가치와 정책에
공감하는 분들을 적극 영입해서 함께 일하겠습니다.
내년 총선의 공천에서는 국민이 원하는 참신하고 깨끗하고 전문성 있
는 인재들을 과감하게 영입해야 합니다.
상향식 공천의 취지에는 동의하지만 그것이 기득권을 지키는 수단으로

변질된다면 내년 총선을 치를 수 없다는 점을 솔직하게 고백합니다.

상향식 공천이 도입되더라도 새로운 인재 영입의 보완책을 반드시 마련하겠습니다.

야당 시절의 엄격한 원칙과 기준, 혹독했던 천막당사 시절의 각오를 되살리겠습니다.

부패와 비리에 대해서는 살을 도려내는 아픔이 있더라도 성역 없이 엄정하게 대처하겠습니다.

청와대와 정부에 끌려다니는 당이 아니라 용감한 개혁으로 국정을 이끌어 가는 당을 만들겠습니다.

국민 여러분, 당원 동지 여러분,

누가 당 대표가 되어야 한나라당이 이번에는 정말 제대로 변할 거라고 국민이 느끼고 인정해주겠습니까?

누가 당 대표가 되어야 과연 내년 총선과 대선을 승리로 이끌 수 있겠습니까?

저는 한다면 하는 사람입니다.

저의 진정성으로, 저의 용기와 소신으로, 한나라당의 새 희망을 열겠습니다. 국민의 편에 서서 용감하게 바꾸겠습니다.

믿고 맡겨주십시오. 감사합니다.

진영을 넘어 미래를 위한
합의의 정치를 합시다.

2015년 4월 8일 국회 교섭단체 대표연설문

존경하는 국민 여러분!
정의화 국회의장님과 선배 동료 의원 여러분!
그리고 이완구 국무총리와 국무위원 여러분!

■ 세월호······ 그리고 통합과 치유

1년 전 4월 16일, 안산 단원고 2학년 허다윤 학생은 세월호와 함께 침몰하여 오늘까지 엄마 품에 돌아오지 못하고 있습니다.

다윤이의 어머니는 신경섬유종이라는 난치병으로 청력을 잃어가고 있지만, '내 딸의 뼈라도 껴안고 싶어서.' 세월호 인양을 촉구하는 1인 시위를 계속하고 있습니다.

다윤 양과 함께 조은화, 남현철, 박영인 학생, 양승진, 고창석 선생님, 권재근 씨와 권혁규 군 부자, 이영숙 씨. 이렇게 9명의 실종자가 돌아오지 못했습니다.

실종자 가족들은 "피붙이의 시신이라도 찾아 유가족이 되는 게 소원"이라고 합니다.

세상에 이런 슬픈 소원이 어디에 있겠습니까?

희생자 295명, 실종자 9명, 그리고 생존자 172명을 남긴 채 1년 전의 세월호 참사는 온 국민의 가슴에 슬픔과 아픔, 그리고 부끄러움과 분노를 남겼습니다.

희생자와 실종자 가족들에게 국가는 왜 존재합니까?
우리 정치가 이 분들의 눈물을 닦아드려야 하지 않겠습니까?

엊그제 박근혜 대통령께서는 "인양을 적극적으로 검토할 것"이라고 하셨습니다. 이 말씀이 가족들에게 조금이라도 위안이 되고, 지난 1년의 갈등을 씻어주기를 기대하면서, 저는 정부에 촉구합니다.

기술적 검토를 조속히 마무리 짓고, 그 결과 인양이 가능하다면 세월호는 온전하게 인양해야 합니다.
세월호를 인양해서 "마지막 한 사람까지 찾기 위해 최선을 다하겠다"던 정부의 약속을 지키고, 가족들의 한을 풀어드려야 합니다.
평택 2함대에 인양해둔 천안함과 참수리 357호에서 우리가 적의 도발을 잊지 못하듯이, 세월호를 인양해서 우리의 부끄러움을 잊지 말아야 합니다.

세월호 인양에 1,000억 원이 넘는 돈이 필요하다고 합니다.
막대한 돈이지만, 정부가 국민의 이해를 구하면 국민들께서는 따뜻한 마음으로 이해하고 동의해주실 것입니다.

세월호 참사 1주기를 맞아 우리는 분열이 아니라 통합으로 나아가야 합니다. 온 국민이 함께 희생자를 추모하고, 생존자의 고통을 어루만져

드려야 합니다.

세월호 특별법 시행령, 배상 및 보상 등을 둘러싼 대립과 갈등을 치유하기 위해 정부는 진지한 자세로 임해야 합니다.

정치권은 세월호 참사라는 국가적 비극을 정치적으로 악용하려는 유혹에서 벗어나 통합과 치유의 길에 앞장서야 합니다.

세월호 참사 외에도 우리 사회에는 통합과 치유를 위해 정부와 국회가 함께 나서야 할 일이 많습니다.

군에서 사망한 자식의 유해와 시신을 데려가지 않는 부모들의 마음을 헤아리고 지금이라도 그 해결책을 찾아야 합니다.

천안함, 5·18민주화운동 등 우리 역사의 고비에서 상처를 받고 평생 트라우마를 겪고 있는 사람들에게 우리는 치유의 손길을 내밀어야 합니다.

이 분들의 고통을 하나씩 해결해나갈 때, 비로소 국민의 마음이 열리고 통합의 길이 열리게 됩니다.

■ 나누면서 커간다 : 성장과 복지가 함께 가야

존경하는 국민 여러분!

보수정당인 새누리당은 오랜 세월 산업화와 경제성장을 견인해왔습니다. 민주주의와 시장경제 체제의 유지와 발전에도 역할을 해왔다고 자부합니다.

남북분단과 군사대치 상황에서 국가안보를 지켜왔습니다.

이제 새누리당은 보수의 새로운 지평을 열고자 합니다.

심각한 양극화 때문에 대한민국이라는 공동체는 갈수록 내부로부터의 붕괴 위험이 커지고 있습니다.

공동체를 지키는 것은 건전한 보수당의 책무입니다.

외부의 위협으로부터 국가안보를 지키는 것이 보수의 책무이듯이, 내부의 붕괴 위험으로부터 공동체를 지키는 것도 보수의 책무입니다.

새누리당은 고통받는 국민의 편에 서겠습니다.

가진 자, 기득권 세력, 재벌대기업의 편이 아니라, 고통받는 서민 중산층의 편에 서겠습니다.

빈곤층, 실업자, 비정규직, 초단시간 근로자, 신용불량자, 영세자영업자와 소상공인, 장애인, 무의탁노인, 결식아동, 소년소녀 가장, 다문화 가정, 북한이탈주민… 이런 어려운 분들에게 노선과 정책의 새로운 지향을 두고, 그 분들의 통증을 같이 느끼고, 그 분들의 행복을 위해 당이 존재하겠습니다.

10년 전 노무현 대통령은 대한민국 대통령으로서 처음으로 양극화를 말했습니다. 양극화 해소를 시대의 과제로 제시했던 그 분의 통찰을 저는 높이 평가합니다.

이제 양극화 해소라는 시대적 과제를 해결함에 있어서는 여와 야가 따로 있을 수 없다고 생각합니다.

새누리당은 성장과 복지가 함께 가는, 나누면서 커가는 따뜻한 공동체를 만들어가는 정당이 되겠습니다.

어제의 새누리당이 경제성장과 자유시장경제에 치우친 정당이었다면, 오늘의 이 변화를 통하여 내일의 새누리당은 성장과 복지의 균형발전을 추구하는 정당이 되겠습니다.

자유시장경제와 한국자본주의의 결함을 고쳐 한국경제 체제의 역사적 진화를 위해 노력하는 정당이 되겠습니다.

그러나 국가안보만큼은 정통보수의 길을 확실하게 가겠습니다.

새누리당의 새로운 변화를 추구하면서, 저는 새정치민주연합과 정의당의 최근 변화를 관심 있게 지켜보고 있습니다.

최근 새정치민주연합은 '경제정당, 안보정당'을 말하고 있습니다.

정의당은 '미래산업정책'을 말하고 있습니다.

급식, 보육은 물론 심지어 의료, 교육, 주택까지 보편적 무상복지를 고집하던 야당이 드디어 성장의 가치, 안보의 가치를 말하기 시작한 것입니다.

놀라운 변화입니다.

환영합니다.

저는 진보정당의 이러한 변화가 단순히 총선과 대선의 득표용 전략이라고 평가절하하고 싶지는 않습니다.

그 변화 속에 국가의 미래를 위한 고민과 진정성이 담겨 있으리라고 기대해 봅니다.

■ 진영을 넘어 합의의 정치로……

여와 야, 보수와 진보의 새로운 변화를 보면서 저는 '진영의 창조적 파괴'라는 꿈을 가집니다. 진영을 벗어나 우리 정치도 공감과 공존의 영역을 넓히자는 꿈을 현실로 만들고 싶습니다.

그동안 우리 정치는 여야 진영 간, 보수 진보 진영 간의 대립과 반목으로 국민의 신뢰를 얻지 못했습니다.
진영은 그 본질이 독재와 똑같습니다. 진영의 울타리를 쳐놓고 그 내부 구성원들에게 사상과 표현의 자유를 허락하지 않습니다.
사람마다 생각의 차이가 있는 것은 지극히 상식적이고 정상적인데, 어느 당, 어느 진영의 소속이라는 이유만으로 개인의 소신은 집단의 논리에 파묻히고 말았습니다.

여와 야, 보수와 진보, 양쪽 모두 진영의 논리에 빠져 반대를 위한 반대를 일삼았고, 이는 국민의 눈에 어처구니 없는 정쟁으로 비쳐졌습니다.
여당 시절 추진했던 FTA, 연금개혁을 야당이 되니까 반대하는 일, 의원 개개인이 헌법기관인 국회에서 여야가 당론투표를 강요하는 일, 역대 정권마다 여당이 정부와 청와대의 거수기 역할만 해오던 일, 이런 부끄러운 일들이 일어난 것은 진영싸움 때문이라고 생각합니다.
그래서 저는 원내대표가 된 이후 가급적 당론이라는 이름으로 의원님들의 자유로운 의사를 구속하지 않겠다고 다짐했습니다.

시대가 바뀌어도 보수와 진보가 똑같을 수는 없습니다. 그러나 국가의 먼 장래를 위해 꼭 해야 할 일이라면, 오늘 보수와 진보는 머리를 맞대고 공통의 국가과제와 국가전략을 찾아나서야 합니다. 그러기 위해서는 진영의 논리에서 벗어나야 합니다. 진영싸움을 중단해야 합니다.

우리는 국가의 미래를 위한 합의의 정치를 시작해야 합니다.
국가적으로 꼭 필요한 일들은 합의의 정치를 통하여 정책을, 입법을, 예산을 구체화해야 합니다.

우리가 합의의 정치를 해야 할 이유는 또 있습니다. 포퓰리즘의 과열경쟁을 자제하기 위해서도 합의가 필요합니다.
'민주주의라는 정치시장'에서 정치의 본능은 득표입니다. 표 때문에 우리 정치인들은 포퓰리즘에서 완전히 자유로울 수 없는 사람들입니다.

소위 '죄수의 딜레마'처럼, 그동안 여야의 포퓰리즘 경쟁은 상호상승 작용을 일으키면서 반복되었고, 이는 국가재정, 국가발전에 큰 피해를 주었습니다. 역대 대선과 총선에서 각 정당 후보들이 내세운 공약들이 그 생생한 사례들입니다.
정치적으로 인기가 없지만 국가적으로 꼭 필요한 일을 하려면 합의의 정치가 필요합니다.

존경하는 선배 동료 의원 여러분!

우리 국회가 진영의 논리와 포퓰리즘 경쟁에서 벗어나 국가의 미래를 위한 합의의 정치를 시작한다면, 우리가 할 일은 많고, 국민은 우리 정치를 다른 눈으로 평가하기 시작할 것입니다.

저는 이런 노력이 진정한 정치개혁이라고 믿습니다.

성장과 복지, 안보와 통일, 저출산 고령화, 청년실업, 일자리와 노동, 교육, 보육, 의료, 연금 등 합의의 정치가 할 일은 무궁무진하다고 생각합니다.

매우 어려운 문제, 아주 인기 없는 정책일수록, 그러나 국가장래를 위해 꼭 필요한 정책일수록 우리는 용기를 내어 통큰 합의를 해야 합니다.

■ 공무원연금개혁

몇 가지 중요한 예를 들어보겠습니다.

4월 국회의 최대 현안인 공무원연금개혁이 그 첫 번째 시험대입니다.

공무원연금개혁은 역대 정권이 모두 시도했으나 번번이 좌절한, 매우 어려운 문제입니다. 공무원의 고통분담이 수반되는 일이니 당연히 득표에 도움이 안 되는, 인기 없는 개혁입니다.

그러나 이제는 국민 모두가 알고 있듯이 국가장래를 위해 지금 꼭 해야만 하는 개혁입니다.

지난 2년간 박근혜 정부가 추진했던 정책 중에서 저는 공무원연금개혁에 도전한 것을 가장 높이 평가합니다.

공무원연금개혁은 이념의 문제도, 정쟁의 대상도 아닙니다.

야당이 말하는 것처럼 무슨 군사작전 하듯이 추진하려는 것도 아니고, 20년 전 김영삼 정부 때부터 추진해왔던 것입니다.

"급하게 졸속으로 하지 마라." 이런 정치적 수사로 개혁을 지연시키는 것은 옳지 못합니다.

김대중 정부, 노무현 정부 때도 추진하려 했지만 실패했던 것을 야당도 잘 알고 있지 않습니까?

어제 발표된 '2014년 국가결산'에 따르면 총국가부채 1,211조 원 중 53%인 644조 원이 공무원연금과 군인연금 충당부채였습니다.

앞으로 공무원연금에 얼마나 더 심각한 문제가 발생하는지 우리는 다 알고 있지 않습니까?

미래세대에게 엄청난 빚을 떠넘긴다는 것을 야당도 잘 알고 있지 않습니까?

이제 공은 우리 국회에 넘어와 있습니다.

당사자인 정부와 공무원이 해결하지 못한 개혁을 국회가 마무리해내야 합니다. 공무원들과 국민들의 성숙한 고통분담 의식, 거기에 여야간 합의의 정치가 보태지면, 역대 어느 정권, 어느 국회도 못했던 개혁을 우리는 해낼 수 있습니다.

그런 점에서 저는 새정치민주연합에게 호소합니다. 문재인 대표님과 우윤근 원내대표님께 호소합니다. 야당이 경제정당을 말하려면 이번 4월 국회에서 공무원연금개혁에 동참해야 합니다.

공무원들의 이해와 동의를 구하고 의견제시의 기회를 드리기 위해 국민대타협기구와 같은 노력을 해왔지만, 이해당사자에게 최종결정 권한까지 드릴 수는 없습니다.

그 결정은 주권자인 국민의 대의기구인 우리 국회가 하는 겁니다.

새정치민주연합은 노무현 정부 임기 중인 2007년에 그 어려운 국민연금개혁을 이루어낸 훌륭한 전통을 갖고 있습니다.

당시 대통령 비서실장으로서 국민연금개혁의 어려움을 누구보다 생생히 지켜보셨던 문재인 대표께서 이번 공무원연금개혁에 합의해주신다면, 국민들은 경제정당의 진정성을 평가할 것입니다.

여야 모두 공무원연금개혁이 지금 9부 능선까지 왔다고 인정합니다.

마지막 한 달의 고비를 넘기지 못하고 이 중요한 개혁이 또 무산된다면 19대 국회는 여야 가릴 것 없이 국민의 지탄을 면할 수 없고 국민의 정치불신은 극에 다다를 것입니다.

합의의 정치로 공무원연금개혁이 꼭 성공하도록 의원님들의 동참을 호소드립니다.

공무원연금개혁 이후 공적연금의 강화가 이슈가 될 전망입니다.

국민연금의 경우 2007년 고통스러운 개혁을 단행했고, 박근혜 정부에 들어서는 기초연금 때문에 진통을 겪었습니다.

국민연금의 소득대체율을 높이는 것은 기여율 인상 없이는 쉽지 않은 문제입니다.

오히려 국민연금의 경우 연기금자산운용의 독립성과 전문성을 강화하는 개혁으로 수익률을 제고해서 연금고갈 시점을 최대한 연장하는 것이 국민부담을 줄이는 중요한 과제라고 생각합니다.

■ 세금과 복지

두 번째 사례는 세금과 복지 이슈입니다.
세금과 복지 이슈만큼 정치적 휘발성이 강한 이슈도 없을 것입니다.
소득세 연말정산 사태에서 우리는 생생하게 보았습니다.
'세금을 올린 정당은 재집권에 성공할 수 없다'는 정치권의 금언이 있을
정도입니다.

저는 이 연설을 쓰면서 2012년 새누리당의 대선공약집을 다시 읽었습
니다. 그 공약은 박근혜 대통령의 공약이기도 했지만, 그와 동시에 저
희 새누리당의 공약이었습니다.

문제는 134.5조 원의 공약가계부를 더 이상 지킬 수 없다는 점입니다.
이 점에 대해서는 새누리당이 반성합니다.

저는 지난 4월 1일 정부가 국가정책조정회의에서 「지속가능한 복지국가
실현을 위한 복지재정 효율화 방안」을 발표하고 중앙정부와 지방정부가
3조 원의 복지재정 절감을 위해 노력하기로 했다는 점을 평가합니다.

그러나 지난 3년간 예산 대비 세수부족은 22.2조 원입니다.
'증세 없는 복지는 허구'임이 입증되고 있습니다.

이제 우리 정치권은 국민 앞에 솔직하게 고백해야 합니다. 세금과 복지
의 문제점을 털어놓고, 국민과 함께 우리 모두가 미래의 선택지를 찾아

나서야 합니다. 이 일은 공무원연금개혁보다 더 어렵고, 인기는 더 없지만, 국가 장래를 위해 더 중요한 일입니다.

세금과 복지야말로 합의의 정치가 절실하게 필요한 문제입니다.

'서민증세 부자감세' 같은 프레임으로 서로를 비난하는 저급한 정쟁은 이제 그만두고 여야가 같이 고민해야 합니다.

그 고민의 출발은 장기적 시야의 복지모델에 대한 합의라고 저는 생각합니다. 현재 우리의 복지는 '저부담-저복지'입니다. 현재 수준의 복지로는 양극화 문제를 해결하고 공동체의 붕괴를 막기에 크게 부족합니다.

그러나 '고부담-고복지'는 국가재정 때문에 실현 가능하지도 않고, 그게 바람직한지도 의문입니다. 고부담-고복지로 선진국이 된 나라도 있지만, 실패한 나라도 있습니다.

통계청의 「장래인구추계」를 보면 저출산-고령화로 인하여 앞으로 50년간 기형적 인구구조라는 재앙이 닥치게 되어 있습니다.

현재의 복지제도를 더 확대하지 않고 그대로 가더라도, 앞으로 복지재정은 눈덩이처럼 불어나게 되어 있습니다.

우리가 지향해야 할 목표는 '중부담-중복지'라고 저는 생각합니다.

국민부담과 복지지출이 GDP에서 차지하는 비율을 기준으로 OECD 회원국 평균 정도 수준을 장기적 목표로 정하자는 의미입니다.

이는 스웨덴, 프랑스, 독일, 영국, 이탈리아 같은 유럽 국가들보다는 낮지만, 현재의 미국, 일본보다는 다소 높은 수준을 지향한다는 뜻입니다.

이는 결코 낮은 목표라고 볼 수 없습니다.

최근 여야간에 중부담—중복지에 대한 공감대가 확산되고 있는 만큼, 우리는 국민의 동의를 전제로 이 목표에 합의할 수 있을 것입니다.

중부담—중복지를 목표로 나아가려면 세금에 대한 합의가 필요합니다. 무슨 세금을 누구로부터 얼마나 더 거둘지 진지하게 고민하고 합의해야 합니다.

증세는 현실적으로 매우 어렵습니다.

그렇다고 해서 지난 3년간 22.2조 원의 세수부족을 보면서 증세도, 복지조정도 하지 않는다면, 그 모든 부담은 결국 국채발행을 통해서 미래 세대에게 빚을 떠넘기는 비겁한 선택이 될 것입니다.

가진 자가 더 많은 세금을 낸다는 원칙, 법인세도 성역이 될 수 없다는 원칙, 그리고 소득과 자산이 있는 곳에 세금이 있다는 보편적인 원칙까지 같이 고려하면서 세금에 대한 합의에 노력해야 합니다.

우리나라의 부자와 대기업은 그들이 감내할 수 있는 수준의 세금을 떳떳하게 더 내고 더 존경받는 선진사회로 나아가야 합니다.

조세의 형평성이 확보되어야만 중산층에 대한 증세도 논의가 가능해질 것입니다.

최근의 여야 대표연설은 대부분 우리 국회가 세금과 복지 문제에 관한 대타협기구를 설치할 것을 제안했습니다. 지난 2월 우윤근 원내대표님도 이런 제안을 하셨습니다.

저는 새누리당 의원님들의 동의를 구하여 세금과 복지 문제에 대한 여야 합의기구의 설치를 추진하겠습니다. 정부도 세금과 복지 문제에 대한 새로운 구상을 제시해 줄 것을 요청합니다.

■ 보육 개혁

복지지출 중에서 보육 분야는 현실적 어려움이 큽니다.
여야 합의기구가 출범하면 이 문제도 여야가 함께 풀어갑시다.
0~2세 보육료, 3~5세 누리과정, 0~5세 양육수당을 합친 올해 보육 예산은 10조 2,500억 원으로서, 급식예산 2조 5천억 원의 4배입니다.
최근의 지방재정법 개정 과정에서 보았듯이 보육재원의 조달을 둘러싼 중앙과 지방의 갈등은 심각합니다.

1991년 영유아보육법이 제정된 이래 지난 24년간 보육은 계속 확대되어왔고, 박근혜 정부는 0~5세의 모든 영유아에게 소득에 관계없이 보육지원을 대폭 확대했습니다.

보육과 양육에 대한 사회적 책임을 강조하면서 국가의 지원은 확대되었으나, 이 정책이 저출산 해소와 여성의 경제활동 참가율 제고에 얼마나 기여했는지는 의문입니다.
더구나 최근 보육시설에서 연달아 발생하는 사고들을 보면서, 0세 영아를 어린이집에 보내면 월 77만 8천 원이 지원되는데 집에서 키우면 월 20만 원이 지원되는 모순을 보면서, 또 어린이집, 유치원과 가정이라는 보육공동체의 비정상적인 모습들을 보면서, 우리는 보육정책의 재설계가 절실하다는 점을 깨닫고 있습니다.

"한 아이를 키우려면 온 마을이 필요하다"는 말이 있는데, 우리 공동체는 아이를 낳고 잘 키우는 문제를 돈으로만 해결하려 하지 않았는지, 반성하게 됩니다.

4월 국회에서 여야가 합의한 대로 지방재정법을 개정하고 정부가 합의했던 5,064억 원도 동시에 집행하며, 영유아보육법도 개정해야 합니다. 그리고 그 이후의 보육정책에 대해서는 우리 국회의 여야가 진지한 토론과 대안의 모색에 함께 착수할 것을 제안합니다.

정부도 앞으로 보육정책과 예산을 어떻게 할 것인지, 현실성 있는 방안을 제시해주기 바랍니다.

■ 성장의 가치와 성장의 해법

존경하는 선배 동료 의원 여러분!

경제성장은 오랫동안 보수의 의제였습니다.

새정치민주연합이 '소득주도형 성장, 포용적 성장'을 말했을 때, 저는 이 새로운 변화를 진심으로 환영하는 마음이었습니다. 그 주장의 옳고 그름을 떠나, 야당이 성장의 가치를 말한다는 것 자체가 반가웠습니다. 보수가 복지를 말하기 시작하고, 진보가 성장을 말하기 시작한 것은 분명 우리 정치의 진일보라고 높이 평가합니다.

정작 중요한 문제는 성장의 해법입니다. 복지는 돈을 어떻게 쓰느냐의 문제인데, 성장은 돈을 어떻게 버느냐의 문제입니다.

성장의 해법은 복지의 해법보다 훨씬 더 어렵습니다.

KDI가 발표한 장기거시경제 전망에 따르면 현재의 3.5%의 잠재성장
률은 2050년대에 1.0%로 추락합니다.

더 비관적인 전망에 따르면 2040년대부터 1.0% 이하로 추락하여 2060
년대부터는 마이너스 성장으로 추락합니다.

대한민국이 성장을 못하는 나라, 저성장이 고착화된 나라가 되는 것입
니다. 이는 국가적 대재앙입니다.

성장을 못하면 우리 사회의 모든 게 어려워집니다.

성장을 못하면 일자리와 소득이 줄어들고, 서민 중산층이 붕괴되어 양
극화는 더 심각해지고, 국가재정도 버티기 힘들어 복지에 쓸 돈이 없는
악순환에 빠지게 될 것입니다.

통일을 하더라도 통일비용을 부담할 재원이 없습니다.

앞으로 100년간 대한민국의 가장 중요하고 가장 어려운 문제는 경제성
장이라고 저는 생각합니다.

양극화 해소 못지않게, 성장 그 자체가 시대의 가치가 되어야 합니다.

2100년까지 한국경제가 성장을 못하는 것은 경기변동의 문제가 아닙
니다. 성장을 뒷받침하는 노동, 자본, 기술 등 세 가지 요소에 구조적인
문제가 있기 때문입니다.

소위 펀더멘털에 심각한 문제가 있는 것입니다.

따라서 저성장의 원인에 대한 장기적이고 구조적인 대책을 일관되게 추진하지 못한다면, 한국경제는 20세기의 성취를 21세기에 다 날려보내고 선진국 진입의 문턱에서 주저앉고 말 것입니다.

저성장은 이렇게 고질적이고 구조적이고 장기적인 문제인데, 민주화 이후 역대 정권은 여야를 막론하고 성장전략이 없었다고 해도 과언이 아닙니다.

정권이 바뀔 때마다 예외 없이 집권 초반의 경제성적표를 의식해서 반짝경기를 일으켜보려는 단기부양책의 유혹에 빠졌습니다.

성장잠재력 자체가 약해져서 저성장이 고착화된 경제에서 국가재정을 동원하여 단기부양책을 쓰는 것은 성장효과도 없이 재정건전성만 해칠 뿐이라는 KDI의 경고를 정말 심각하게 받아들여야 합니다.

국가재정 때문에 공무원연금개혁의 진통을 겪으면서, 별 효과도 없는 단기부양책에 막대한 재정을 낭비해서야 되겠습니까?

건전한 국가재정은 그동안 한국경제를 지탱해온 최후의 보루였으며, 앞으로도 계속 그럴 것입니다.

1997~1998년의 IMF 위기와 2008~2009년의 금융위기도 그나마 국가재정이 튼튼했기 때문에 극복할 수 있었습니다.

이제 단기부양책은 과감히 버려야 합니다. IMF 위기처럼 극심한 단기불황이 찾아오지 않는 한, 단기부양책은 다시는 끄집어내지 말아야 합니다.

그 대신 장기적 시야에서 한국경제의 성장잠재력을 키우는 데 모든 정책의 초점을 맞춰야 합니다.

성장잠재력을 키우는 일은 한두 가지 정책수단만으로 가능한 일이 아닙니다. 경제 사회 전반에 걸쳐 뼈를 깎는 개혁을 단행해야 합니다. 자본, 노동, 여성, 청년, 교육, 과학기술, 농어업, 제조업, 서비스업, 대기업과 중소기업 등 거의 모든 분야에서 가히 혁명적인 변화가 일어나야 합니다. 그 혁명적인 변화의 최종 목표는 우리 경제의 경쟁력 강화이며, 성장잠재력 확충입니다.

가장 중요한 몇 가지만 말씀드리고자 합니다.

저출산으로 인한 인구 재앙은 반드시 막아내야 합니다.
0~5세 보육예산을 늘리는 정책만으로는 저출산 문제를 해결하기 어렵습니다.
졸업하고 취직하고 결혼하고 집 구해서 아이를 낳고 싶은 마음이 저절로 들도록 해야 합니다.
내 아이가 자라서 나보다 더 잘 살 거라는 희망을 드려야 합니다.
보육, 교육, 노동, 일자리, 주택, 복지 등을 포괄하는 종합대책을 일관되게 밀고 나가야 저출산 문제를 극복할 수 있습니다.

당장의 인력 감소에 대처하기 위해서는 청년, 여성, 장년층의 경제활동 참가율을 높이는 대책이 필요합니다.
여성에 대한 차별을 철폐하고, 여성이 더 이상 경력단절을 겪지 않도록 실효성 있는 대책을 강구해야 합니다.

정년후 장년층의 재고용을 촉진하는 대책을 강구해야 합니다.

청년일자리를 위해서 정부는 '청년일자리 전쟁'을 하겠다는 각오로 정부가 동원할 수 있는 모든 수단들을 총동원해서 청년의 고용률을 높여야 합니다.
우리 모두에게 일자리는 삶의 문제입니다. 사회 문턱에 갓 들어선 청년들에게 실업보다 더 큰 고통은 없을 것입니다.

정부, 공기업, 정부산하단체부터 청년일자리 늘리기에 앞장서야 합니다.
정부는 대기업과 금융기관들에게 임금인상을 요구할 것이 아니라 청년일자리를 늘려달라고 호소하고 청년고용에는 인센티브를 줘야 합니다.
청년창업에 대한 국가지원도 대폭 확대하고, 크라우드펀딩법 (자본시장과금융투자업에관한법률)도 조속히 통과되어야 합니다.
청년들이 취업하기를 원하는 서비스산업의 발전을 위해 서비스산업발전기본법, 관광진흥법, 국제의료사업지원법도 조속히 통과시켜주시기 바랍니다.
중소기업의 청년고용에 대한 임금보조를 확대하고, 중소형 공장이 밀집한 지역의 환경을 개선하는 데 정부가 적극 나서야 합니다.

과학기술의 발전과 인재양성은 성장의 마지막 희망을 걸어야 할 분야이고 국가의 명운이 걸린 분야입니다.
부가가치가 높은 과학기술주도형 성장으로 가려면 오랜 시간에 걸친 일관된 국가 R&D전략을 수립해야 합니다.
정치적으로 인기가 없는 분야이기 때문에 더 많은 관심을 기울여야 하는 분야입니다.

연구개발 예산의 총투자액은 확대하되 민간이 하지 못하는 분야를 국가가 담당해야 합니다.

IMF 위기 이후 누적된 문제로 고장난 국가 R&D시스템은 근본적인 진단후 수술이 불가피합니다.

과학기술교육의 혁신과 이공계 우대 정책도 확대되어야 합니다.

제조업이 더 강해져야 관련 서비스산업이 같이 발전할 수 있습니다.

전자, 반도체, 자동차, 조선, 철강, 석유화학 등 주력제조업의 위기는 지금 한국경제의 가장 큰 위기입니다.

이들 주력산업이 세계적인 경쟁력을 갖출 수 있도록 도와줘야 합니다.

중소기업 분야에서도 벤처만 우대할 것이 아니라 지금 잘하고 있는 업종과 기업들이 더 잘하도록 지원을 아끼지 말아야 합니다.

한계기업은 과감하게 퇴출시켜 새 살이 돋아나도록 하고, 잘하는 기업에게 자원이 배분될 수 있도록 해야 합니다.

■ 공정한 고통분담, 공정한 시장경제

존경하는 국민 여러분!
선배 동료 의원 여러분!

성장의 해법은 경제 사회 전 분야에 걸친 고통스러운 개혁입니다.

성장을 향한 개혁은 고통스럽기 때문에 어느 일방의 희생만 강요해서는 안됩니다.

개혁이 성공하려면 공정한 고통분담, 공정한 시장경제가 전제되어야 합니다. 이를 위한 사회적 합의가 필요하며, 합의의 정치가 필요합니다. 노사정 대타협이 바로 그런 합의입니다.

그러나 안타깝게도 오늘 이 시간까지 진통을 겪고 있습니다.
노동시장의 유연성을 높이는 정책 못지않게, 정규직과 비정규직, 대기업과 중소기업 간의 임금격차 등 이중구조를 해소하고 고용안정성을 높이는 데 최선을 다해야 합니다.

특히 비정규직에 대한 차별을 해소하는 정책은 우리 사회의 공정성과 양극화 해소 차원에서 강력히 추진되어야 합니다.
정부와 공기업은 지금 추진 중인 비정규직의 정규직 전환을 더 확실하게 추진해야 합니다.
30대 그룹과 대형 금융기관들도 상시적 업무에 일하는 비정규직을 정규직으로 전환하는 등 사회적 책임을 다해야 합니다.

재벌도 개혁에 동참해야 합니다.
재벌대기업은 지난날 정부의 특혜와 국민의 희생으로 오늘의 성장을 이루었습니다.
재벌대기업은 무한히 넓은 글로벌 시장에서 일등이 되기 위해 글로벌 경쟁력을 갖춘 분야에 집중해야 합니다.
일가 친척에게 돈벌이가 되는 구내식당까지 내주고 동네 자영업자의 생존을 위협하는 부끄러운 행태는 스스로 거두어들여야 합니다.
천민자본주의의 단계를 벗어나 비정규직과 청년실업의 아픔을 알고 2

차, 3차 하도급업체의 아픔을 알고 이러한 문제의 해결에 자발적으로 동참하는 존경받는 한국의 대기업상으로 거듭나야 합니다.

정부는 재벌대기업에게 임금인상을 호소할 것이 아니라, 하청단가를 올려 중소기업의 임금인상과 고용유지가 가능하도록 해야 합니다.

가장 단순하면서도 강력한 재벌정책은 재벌도 보통 시민들과 똑같이 법 앞에 평등하다는 것을 실천하는 것입니다.

재벌그룹 총수 일가와 임원들의 횡령, 배임, 뇌물, 탈세, 불법정치자금, 외화도피 등에 대해서는 보통 사람들, 보통 기업인들과 똑같이 처벌해야 합니다.

그런 점에서 대통령, 검찰, 법원은 재벌들의 사면, 복권, 가석방을 일반 시민들과 다르게 취급할 하등의 이유가 없습니다.

공정한 고통분담과 공정한 시장경제는 결국 복지, 노동, 경제민주화, 법치로 귀결됩니다.

앞서 말씀드린 증세, 중부담─중복지의 사회안전망, 비정규직 대책, 청년일자리, 최저임금 인상과 같은 대책들이 성장의 해법과 함께 가야 합니다.

정부는 성장잠재력과 상관없는 단기부양책이 아니라 사회적 대타협에 필요한 곳에 예산을 써야 합니다.

존경하는 국민 여러분!

저는 아직도 임기가 3년 가까이 남아 있는 박근혜 정부가 이상과 같은 근본적 개혁의 길로 나아가기를 희망합니다.

이러한 점에서 최근 정부가 단기부양책보다는 노동-금융-교육-공공의 4대 부문 개혁을 말하고 2017년까지 잠재성장률 4%대 진입을 목표로 '3년의 혁신으로 30년의 성장을 추진'하겠다고 나선 점을 저는 높이 평가합니다.

그러나 3년 내의 성과에 조급해서는 안 됩니다. 잠재성장률을 4%대로 높이는 일은 3년의 개혁으로는 달성하기 어렵습니다.

오히려 박근혜 정부가 앞으로 3년 동안 그 다음 정부가 후퇴시킬 수 없는 개혁의 제도적 기반을 구축할 수만 있다면, 역사적 평가를 받을 것입니다.

정부는 공무원연금개혁에서 시작하여 세금과 복지, 노동, 보육과 교육, 청년일자리, 그리고 성장 등의 분야에서 개혁의 인프라를 제안하고, 우리 국회는 합의의 정치로 국가의 장래를 준비하는 개혁을 뒷받침할 수 있다면 대한민국에 새로운 희망이 보이지 않겠습니까?

저는 야당이 제시한 소득주도 성장론도 재검토가 필요하다고 생각합니다.

적정한 속도의 최저임금 인상, 취약계층에 대한 복지지출의 확대는 빈곤과 양극화 해소라는 차원에서 동의합니다.

최저임금 인상과 복지지출 확대가 저소득층의 소비를 늘려 내수 진작에 어느 정도 도움이 된다는 점도 동의합니다.

그러나 앞에서 말씀드린 대로 2100년까지 저성장의 대재앙이 예고된 우리 경제에 대하여 이 정도의 내용을 성장의 해법이라고 말할 수는 없습니다.

저는 소득주도 성장을 정치적으로 비난할 생각은 조금도 없습니다.
제대로 된 성장의 해법이 없었던 것은 지난 7년간 저희 새누리당 정권
도 마찬가지였습니다. 녹색성장과 4대강 사업, 그리고 창조경제를 성
장의 해법이라고 자부할 수는 없습니다.
제가 강조하고 싶은 것은, 이왕 야당이 성장이라는 시대의 가치를 얘기
한다면, 여야가 그 해법의 어려움을 인식하고 합의의 정치로 성장을 위
한 지난한 개혁의 길로 함께 가자는 점입니다.

■ 사회적경제

존경하는 선배 동료 의원 여러분!

최근 많은 국민들께서 사회적경제에 주목하고 있습니다.
복지와 일자리에 도움을 주며 양극화 해소와 건강한 지역공동체의 형
성에 도움을 주는 협동조합, 사회적기업, 자활기업, 마을기업, 농어촌
공동체회사 등 사회적경제 조직들이 빠른 속도로 증가하고 있습니다.
그 영역도 돌봄, 보육, 교육, 병원, 신용, 도시락, 반찬가게, 동네슈퍼
등 매우 다양하게 나타나고 있습니다.

우리가 중부담-중복지를 목표로 나아간다면 우리 사회 전체의 복지수
요를 국가재정이 모두 감당할 수는 없습니다.
일자리도 마찬가지입니다. 기업이 만들어내는 일자리와 정부가 세금으
로 만드는 일자리는 늘 충분하지 않습니다.
사회적경제는 국가도, 시장도 아닌 제3의 영역에서 사회적 가치를 추

구하는 경제활동으로서, 복지와 일자리에 도움이 되는 자본주의 경제
체제의 역사적 진화라고 생각합니다.
우리보다 훨씬 앞서 자본주의와 시장경제를 해왔던 선진국들도 사회적
경제가 발달하고 있습니다.

사회적경제는 정치적 오염과 도덕적 해이를 경계해야 합니다.
사회적경제를 건강하게 발전시키는 일은 여야 모두의 책임입니다.
우리 19대 국회가 사회적경제 기본법을 제정하여 한국 자본주의의 역
사적 진화에 기여할 수 있기를 기대합니다.

■ 가계부채라는 시한폭탄

경제 분야의 마지막 주제로 저는 가계부채의 심각성을 경고합니다.
작년말 가계부채는 1,089조 원을 기록했습니다.
국민 1인당 평균 2,150만 원이며, 가계부채가 GDP의 75%입니다.
IMF 위기 때는 기업들의 과도한 부채 때문에 외부로부터의 충격에 대
규모 도산사태와 대량해고가 발생했고 양극화가 심화되었습니다.
지금은 가계부채가 시한폭탄과 같은 문제가 되었습니다.
LTV(주택담보대출비율) DTI(총부채상환비율)의 완화와 금리인하는 가계
부채의 증가속도를 높여 문제를 더 악화시키고 있습니다.

가계부채는 개인이 원금과 이자를 갚는 게 당연한 원칙입니다.
그러나 이 문제가 우리 경제 전체의 리스크를 악화시키지 않도록 정부
가 정교한 대책을 수립해줄 것을 당부드립니다.

지난번 두 차례에 걸친 안심전환 대출은 은행과 정부의 부담으로 원리금 상환능력이 있는 일부 계층에게만 혜택을 주는 정책이었습니다.

앞으로 정부는 상환능력은 없고 부실의 위험도는 높은 한계선상의 가계부채에 대책의 우선순위를 둘 것을 촉구합니다.

■ 국가안보

존경하는 국민 여러분!
선배 동료 의원 여러분!

성장, 복지와 함께 안보, 통일은 우리의 4대 국가 아젠다입니다.
올해는 광복 70년이자 분단 70년이 되는 해입니다.
광복과 함께 분단이 된 70년 전의 슬픈 역사는 분단을 허물고 통일과 진정한 광복을 이룩해야 하는 역사적 과업을 우리에게 남겼습니다.
대북정책과 통일정책은 별개가 아니라고 생각합니다.
오늘의 대북정책이 쌓여서 통일정책이 되는 것입니다.
그러한 점에서 통일 이전에 북한의 개혁 개방, 북한경제의 발전, 북한 체제의 전환을 유도하는 것이 바람직한 대북정책이라는 주장에 저는 동의합니다.

그러나 지금까지의 북한은 그런 이성적인 대북정책이 통하지 않는 상대입니다. 문제의 핵심에는 북한의 핵미사일이 있습니다.

지난 4월 2일 이란의 핵무기 개발을 막기 위한 이란과 국제사회의 역사적 합의가 타결되었습니다.

그러나 이란보다 핵무기 개발이 훨씬 앞선 북한의 핵문제는 조금도 진전이 없이 악화되어가기만 합니다.

2012년 12월의 장거리 미사일 발사와 2013년 2월의 3차 핵실험 이후 우리 군은 북한이 노동미사일이나 스커드미사일에 핵탄두를 장착한 핵미사일을 이미 실전배치했을 가능성이 매우 높다고 보고 있습니다.

즉, 우리 국민들은 언제 우리를 향해 날아올지 모르는 핵미사일을 머리에 이고 살고 있는 것입니다.

최근 사드(THAAD) 요격미사일의 배치를 둘러싼 논쟁을 보면서 저는 '우리가 과연 우리 손으로 우리의 생명을 지킬 생각을 갖고 있는가'라는 의문을 갖지 않을 수 없었습니다.

북핵문제를 압박과 유도의 외교로 해결해야 한다는 주장에 저는 동의합니다.

그러나 1994년의 미국과 북한의 제네바 합의, 2005년 6자회담의 9·19 공동성명, 2012년 미국과 북한의 2·29 합의가 모두 어떻게 되었습니까?

북한은 그 때마다 약속을 깼고 핵개발은 계속되었습니다.

북핵문제를 현명한 외교로 해결하려는 노력을 당연히 경주하되, 우리는 하루라도 빨리 북의 핵미사일 공격으로부터 국민의 생명을 지키는 모든 수단을 강구해야 합니다. 우리가 진정 평화를 원한다면 억지력을 갖고 있다는 것을 분명히 보여줘야 합니다.

저희 새누리당은 북의 핵미사일 공격으로부터 국민의 생명을 지킬 수 있는 국방능력을 갖추는 데 모든 노력을 다할 것입니다.

최근 안보정당을 내세운 새정치민주연합에게 묻습니다.
사드의 한반도 배치를 반대하는 야당은 북한의 핵미사일 공격으로부터 국민의 생명을 지키기 위해 어떠한 대안을 갖고 있습니까? 행여 북한이 핵공격은 절대 하지 않을 거라는 안이한 생각을 하고 있지는 않습니까?

안보정당은 한마디 말로 하루 아침에 되는 게 아닙니다.
북핵과 사드, 천안함 폭침, 북한인권법, 테러방지법 등 국가안보의 가장 중요한 질문에 대하여 분명한 입장과 행동이 있어야 스스로 안보정당이라고 말할 수 있지 않겠습니까?

이 질문에 대한 답변을 듣고 싶습니다.
야당을 비판하려고 거북한 질문을 드리는 게 아닙니다.
늘 말로는 "국가안보는 초당적으로 대처한다"라고 하면서, 서로 생각의 차이는 너무나 큰 지금의 상황이 이해가 되지 않기 때문입니다.

존경하는 국민 여러분!
선배 동료 의원 여러분!

19대 국회가 일할 수 있는 시간은 이제 얼마 남지 않았습니다.
우리 19대 국회가 국민의 고통을 덜어드리기 위해, 국민에게 내일의 희망을 드리기 위해 과연 무엇을 했는지 되돌아보지 않을 수 없습니다.

"나는 왜 정치를 하는가?"
저는 매일 이 질문을 저 자신에게 던집니다.
저는 고통받는 국민의 편에 서서 용감한 개혁을 하고 싶었습니다.
15년 전 제가 보수당에 입당한 것은 제가 꿈꾸는 보수를 하고 싶었기 때문입니다. 제가 꿈꾸는 보수는 정의롭고 공정하며, 진실되고 책임지며, 따뜻한 공동체의 건설을 위해 땀흘려 노력하는 보수입니다.

지난 15년간 여의도에 있으면서 제가 몸담아보지 않았던 진보 진영에도 나라를 걱정하고 국민을 사랑하는 훌륭한 정치인들이 많다는 것도 알게 되었습니다.
또 그 분들의 생각 중에 옳은 것도 많고, 저의 생각이 틀렸다는 것을 느낄 때도 많았습니다.

좋은 생각, 옳은 생각을 가진 선량들이 모인 이 국회가, 우리 정치가 왜 국민에게 신뢰를 받지 못하고 불신과 경멸의 대상이 되었는지 우리는 깊이 생각해봐야 합니다.
오늘 제가 말씀드린, '진영을 넘어 미래를 위한 합의의 정치'가 하나의 해결책이 되기를 소망하면서 제 말씀을 마칩니다.

경청해주셔서 감사합니다.

잊을 수 없는 칭찬

지난 17년 동안 정치의 한복판에 있으면서 좌절의 시간도, 보람의 시간도 있었다.

힘들 때면 "나는 왜 정치를 하는가?"를 자신에게 다시 물어본다. 치아가 거의 다 빠지고 임플란트 수술을 몇 번씩 계속하면서, 나 자신을 이렇게까지 혹사시키면서 나는 왜 여기에 남아 있는가를 생각해본다. 정치를 할 이유가 남아 있는 한, 아마 앞으로도 그렇게 살아갈 것이다. 정치인은 아무리 자신의 진심을 가지고 정치를 해도 남들은 그 진심을 모르고 이미지만 쳐다보는 경우가 많다. 정치에서 중요한 건 실체가 아니라 이미지라고들 한다. 그 이미지란 것은 때로는 조작되기도 한다. 마음에 내키지 않는 쇼라도 자꾸 반복해야 이미지가 형성되기도 한다. 그러나 천성적으로 그런 걸 못하는 나는 그저 진정성 하나로 승부하는 수밖에 없다고 생각했다.

1999년부터 국회에서는 연말에 '백봉신사상' 시상식을 연다. 독립운동가, 건국유공자, 제헌의원이셨던 백봉 라용균 선생을 기리는 상으로 기념사업회가 주관하고 언론사 정치부 기자들의 투표로 수상자를 정하는 상이다. 2009년 처음 그 상을 받았다. 그리고 2013년, 2014년 상을 받았고, 2015년과 2016년에는 대상을 받았다. 2015년과 2016년의 대상은 특별히 고마웠다. 원내대표가 되고, 원내대표에서 일찍 물러나고, 공천 학살을 당하고, 다시 국회로 돌아온 그 시간들 속에서 나는 헌법의 가치를 실천하려고 노력했고, 내 진정성을 평가해준 언론인들이 정말 고마웠다.

2016년 제18회 백봉신사상 대상 수상 모습.

정치를 하면서 잊을 수 없는 칭찬이 있다. 2009년 10월 6일 국방위원회의 국정감사장에서 문희상 선배님이 나에게 해준 과분한 덕담이다. 당시 속기록 일부를 잠시 소개한다.

유승민 위원 :

DJ 정권, 노무현 정권 10년 동안 저는 야당으로서 누구보다도 정말 투쟁에 앞장섰던 사람입니다. MB 정권이 들어서고 나서, 소위 보수 우파가 집권을 하고 나니까 우리 공무원들 중에 또 군인들 중에 우리가 여당이라고 찾아와 DJ, 노무현 정권 욕을 아주 심하게 하는 사람들이 있어요. 5년마다 정권이 바뀌니까 우리나라 공무원들하고 우리나라 군인들이 어떻게 됐냐 하면요, '어디 가서 줄 서야지 내가 출세를 하느냐?' 그 생각밖에 없는 것 같이 제 눈에는 보여요. 정권이 한 3, 4년 지나면 그 다음부터는 '이 정권하고 친하면 큰일난다' 이래 가지고 새로운 권력의 줄을 찾아서 거기다가 줄 대려고 그러는 게 눈에 선하게 보입니다.

우리 군이 달라져야 됩니다. 아프간에 주둔하는 미군 사령관 스탠리 맥크리스털이 오바마하고 비행기 안에 딱 앉아 가지고, 이 양반이 오바마의 아프간 정책에 대해서 지금 공개적으로 반대를 하고 있습니다. 1년 안에 아프간에 대규모 증원, 증파를 안 해주면 아프간은 베트남 같이 전쟁에 실패한다. 오바마가 이야기한 '병력은 줄이고 무인공격기하고 특수부대로 알카에다에 집중해서 공격하는' 그런 수정안에 대해서 이 군인들이 '나는 그거 찬성 못한다'고 '노'를 딱 하는 겁니다. 그것도 대통령 전용기에 타서 그렇게 하는 겁니다. 세계 최강의 미군이라는 사람들은 이렇게 합니다.

1951년 맥아더가 — 잘 아시지 않습니까? — 한국전쟁 당시에 만주를 원자폭탄으로 폭격하겠다고 했다가 트루먼 대통령이 그렇게 하면 세계대전 날지 모르니까 맥아더를 해임시키고 본국 귀환, 송환 조치해

가지고 맥아더가 의회에서 그 유명한 '노병은 죽지 않는다' 이 연설을 한 거 아닙니까? 미군에는 이런 전통이 있단 말입니다.

저는 국방위에 와서 세 번 크게 실망했습니다. 롯데월드 가지고 장관, 국방부 사람들, 공군의 장성들이 말하는 것 보고 제가 크게 실망을 했고, 군복무기간 단축 가지고 제가 병역법 개정안 냈는데 '너, 군대 갔다 왔냐? 니 자식은 갔다 왔냐?' 온갖 욕을 다 듣고 이러는데 정작 국방부장관, 병무청장은 군복무기간 단축에 대해서 맨날 신중히 검토만 하고 말이지요. 저보다 훨씬 잘 아는 분들이 신중히 그렇게 오래 검토할 일이 뭐가 있습니까? 군복무기간 단축 가지고 제가 진짜 실망을 했고. 최근에 국방개혁 2020 예산을 가지고, 장관이 합참의장 시절에 전임 이상희 장관 모시고 청와대 가서 대통령한테 보고하고 결재받았다고 장관 입으로 스스로 이야기한 바로 몇 달 전의 그 계획에 대해서, 그 계획의 예산이 막 잘려나가는데 그 점에 대해서 아무 생각 없이 '괜찮다', 저는 정말 실망했습니다.

우리 국방부 우리 군은 전부 입 다물고 가만히 있습니까? 우리 장관, 합참의장, 군인들이 좀 떳떳하게 용감하게 바른 소리 하시고, 2020 같은 것 안 되겠으면 대통령한테 안 된다고 말씀 좀 하고 이러셔야지, 이게 뭡니까? 탈정치라고 말씀을 하셨는데 장관하고 합참의장께서 앞으로 인사를 하실 때, 각 군 총장도 마찬가지인데 진짜 정치권력으로부터 독립하세요.

저는 노무현 대통령에 대해서 옛날에 야당 때 진짜 치고 박고 많이 싸웠지만 저는 그 분이 검찰 권력을 손에서 놓고 그 다음에 군 인사에 대해서도 상당 부분 손에서 놓은 부분도 있다고 생각합니다. 저는 그것

잘한 것이라고 생각합니다.

문희상 위원 :

본 질의에 앞서 동료 의원 유승민 위원의 감사 행태에 관련해서 참으로 참을 수 없는 많은 감동을 받았기 때문에 한 말씀 드리고 시작하려합니다.

평상시에 유승민 위원은 원래 매섭고 날카롭고 그러나 온유하고 합리적인 양면을 다 갖춘 분이기는 합니다마는, 특히 내가 야당으로서 여당 위원의 감사 태도에 관해서 이렇게 훌륭하다라는 말씀을 드리고자하는 것은 내가 숱한 감사 현장을 보고 감사를 겪었고 당하기도 하고, 지난 정부 때 감사를 받은 위치에도 있었어요.

그 어느 것을 불문하고 이런 경우는 참으로 드문 희귀한 사례입니다. 이런 분이 계셔서 이명박 정권의 미래가 있고 이런 분이 계셔서 대한민국의 미래가 있다고 생각합니다.

이것은 귀감이 되는 한 사례라고 생각합니다. 끊임없는 문제의식과 그리고 자기반성, 균형감각, 그리고 앞으로 뛰어나가야 될 큰 비전 이런것들이 얽혀져 가지고 감사를 하는 것이지 시시콜콜한 것 하나씩 둘씩따지고 나가는 것이 감사라고 저는 생각하지 않습니다.

기본적인 성격과 방향에 대해서 아주 훌륭한 일을, 감사를 하고 있다이런 생각을 하면서 다시 한 번 존경의 염(念)을 표시합니다. 진실로 감사합니다.

자유민주주의와 관련한, 테마가 어차피 그렇게 나왔기 때문에, 우리가가장 소중히 해야 될 가치가 자유민주주의다라는 얘기를 내가 청문회 때 여러 번 강조해서 말씀드렸습니다.

그것은 국가와 국민이 원하는 방향이고 헌법적 최고 가치입니다, 자유민주주의. 그래서 바로 '아니오'라고 얘기할 수 있고 그래서 오늘 유승민 위원의 발언이 돋보인다, 나는 그렇게 생각합니다.

자유민주주의, 우리가 지켜야 될 가치가 바로 그것이에요. 알파요 오메가입니다. 이것을 잃고는 이를테면 최고의 국민의 대표로서 국가의 대표로서 상징적 존재인 대통령에 대한 충성 이것은 군 기강의 생명입니다마는, 바로 그 이유가 국민과 국가를 대표하는 사람이기 때문에 충성해야 하는 이유입니다. 그래서 그 과정에서 가장 중요한 자유민주주의적 가치를 지켜드려야 돼요. 그래서 '아니오'라고 말할 때는 '아니오'라고 말해야 군도 살아날 수 있다 이거예요.

2004년 가을, 야당의 초선 국회의원이 된 지 얼마 안 돼 국회운영위원회에서 내가 대표발의한 「기금관리기본법 개정안」을 두고 치열한 토론을 했던 것도 오래 기억에 남는다. 그 법안은 국민연금 등 연기금을 증시 부양, 건설경기 부양의 수단으로 무원칙하게 동원하려는 노무현 정부의 시도를 막고 국민이 신뢰하는 연기금 자산 운용이 이루어져야 한다는 내용을 담아 내가 대표발의한 것이었다. 통상 대표발의한 의원이 제안설명을 하면 수석전문위원이 검토보고를 하고 대표발의 의원은 퇴장하고 운영위원들끼리 토론하는 경우가 대부분인데 그 날은 열린우리당 의원들이 작정을 하고 나를 공격해왔다. 토론은 두 시간 동안이나 계속됐다.

천정배 국회 운영위원장은 치열한 토론을 마치면서 이렇게 말했다. "오늘 정말 근래에 보기 드문 훌륭한 토론이 우리 운영위원회에서 일어 난 것을 참으로 기쁘게 생각합니다. 특히 유승민 위원께서 탁월하게 토 론을 이끌어주신 데 대해 감사의 말씀을 드립니다. 앞으로도 우리 운영 위원회뿐만 아니라 국회 전체에서 이런 활발하고 내용 있는 토론이, 또 위원들 간에 품격을 갖추면서도 치열하게 이루어지는 국회가 될 수 있 도록 함께 노력해야 되겠습니다."

4

국가는 왜 존재하는가?

세월호 참사를
되돌아보며

2014년 4월은 참으로 잔인한 4월이었다. 그해 4월과 5월에 매일 새벽마다 혼자 신문을 보면서 하염없이 울었다.

2014년 4월 16일, 인천에서 제주로 향하던 여객선 세월호가 진도 인근 바다에서 침몰했다. 탑승객 476명 가운데 295명이 숨졌고 9명은 아직까지 실종 상태다. 실종자들의 부모, 가족들은 오늘도 팽목항에서 돌아오지 못한 아이들을 기다린다. 1000일이 넘었다. 가라앉는 세월호 속에서도 아이들은 선장의 지시를 믿었고, 기다렸고, 누군가 구해주러 올 것으로 확신했다. 그러나 누군가는 끝내 없었다.

1년 전 4월16일, 안산 단원고 2학년 허다윤 학생은 세월호와 함께 침몰해 오늘까지 엄마 품에 돌아오지 못하고 있습니다.

다윤이의 어머니는 신경섬유종이라는 난치병으로 청력을 잃어가고 있지만, '내 딸의 뼈라도 껴안고 싶어서…' 세월호 인양을 촉구하는 1인 시위를 계속 하고 있습니다.

다윤 양과 함께 조은화, 남현철, 박영인 학생, 양승진, 고창석 선생님, 권재근 씨와 권혁규 군 부자, 이영숙 씨… 이렇게 9명의 실종자가 돌아오지 못했습니다.

실종자 가족들은 "피붙이의 시신이라도 찾아 유가족이 되는 게 소원"이라고 합니다. 세상에 이런 슬픈 소원이 어디에 있겠습니까?

희생자 295명, 실종자 9명, 그리고 생존자 172명을 남긴 채 1년 전의 세월호 참사는 온 국민의 가슴에 슬픔과 아픔, 그리고 부끄러움과 분노를 남겼습니다.

희생자와 실종자 가족들에게 국가는 왜 존재합니까? 우리 정치가 이분들의 눈물을 닦아드려야 하지 않겠습니까?

(2015년 4월 8일 국회 교섭단체 대표연설문 중)

국가는 왜 존재하는가? 어떤 역할을 해야 하는 존재인가?

'세월호 참사'를 지켜보면서 아무 것도 하지 못했다는 자책감에 온 대한민국이 슬픔 속으로 침잠했다. 그 어린 아이들이 차가운 바닷속에서 숨겨갈 동안 우리는 무엇을 했나, 무엇을 해야만 했었나? 한없이 부끄럽고 슬픈 시간이었다.

2015년 원내대표에 당선되고 얼마 지나지 않아 세월호 가족대책위원회로부터 만나고 싶다는 연락이 왔다. 세월호 인양이 결정되지 않고 있을 때여서 가족대책위원회는 여당이라면 정부를 움직일 수 있지 않을까 라는 한가닥 희망을 품고 원내대표실을 찾아오셨다. 나 또한 자식을 둔 같은 부모로서 감히 그 분들의 두 눈을 마주보기가 죄스러울

2015년 2월 세월호 희생자 합동분향소에서.

정도였다. 그 분들은 무거운 슬픔을 안고 내 방으로 들어오셨다.

대통령과 면담이 이뤄지면 하려고 했던 말을 하겠다며 "제발 진상규명하겠다는 약속 좀 지켜달라"고 하신 고(故) 김유민 양의 아버지, "내 딸이 바다 아래 있는데 못 꺼내고 있다는 사실이 너무 가혹하다"고 울먹이시던 실종자 조은화 양의 어머니의 애끓는 호소에 가슴이 먹먹해져 함께 눈물을 흘렸다. 조은화 양의 어머니는 내게 실종자들의 이름을 알고 있냐고 물으셨다. 9명이 아니라 9명의 이름을 아냐고. 대한민국의 국민인 실종자들을 아홉이라는 숫자가 아니라 존엄한 인간으로 대우해달라는 항변이었다. 그 분들의 이름을 그 자리에서 다 기억하지 못했던 나는 참으로 부끄럽고 죄송했다. 그 때 말씀드리지 못한 실종자 아홉

분의 이름은 두 달 후 원내대표로서 국회교섭단체 대표연설을 하게 됐을 때에야 비로소 불러드릴 수 있었다. 국회 본회의장 방청석에 세월호 가족협의회 분들을 모시고 연설을 시작하면서 가장 먼저 돌아오지 못한 분들의 이름을 불렀다. 그리고 물었다. 국가는 왜 존재하는가? 이 분들의 눈물을 닦아드리는 것이 국가의 할 일이 아닌가.

가족대책위원회가 국회를 찾아온 날 오후에 나는 안산시 세월호 희생자 합동분향소를 찾아 조문했다. 합동분향소를 돌아보고 그 옆에 컨테이너에서 다윤이 어머니 아버지와 은화 어머니를 만났다. 다윤이 어머니는 불편한 몸을 이끌고 한 가닥 희망이라도 찾을 수 있을까라는 심정으로 내 손에 머리를 파묻고 눈물을 흘리셨다. 나도 눈물을 주체할 수 없어 함께 울었다. 이 분들을 위해 세월호 인양은 무슨 수가 있더라고 꼭 해드려야겠다는 결심을 했다.

국회로 돌아온 나는 원내대표 취임 후 첫 당정청 회의에서 세월호 인양을 고위당정청 회의의 비공개 안건으로 삼았다. 세월호 인양을 강력히 주장하고 대통령께 꼭 제대로 건의해달라고 총리, 장관, 청와대 비서실장과 수석들에게 당부를 했다. 그러나 청와대와 정부 측은 세월호 인양 문제를 두고 매우 곤혹스러워했는데 나는 이들의 태도가 도무지 이해되지 않았다. 한 달 이상 이 문제를 두고 계속 정부와 청와대를 설득했고 필요하면 공개적으로 세월호 인양을 주장하기도 했다. 마침내 정부가 인양 방침을 발표했다.

이 책의 집필을 마무리 할 때인 2017년 3월 23일 1073일 만에 세월호가 수면 위로 떠올랐다. 긴 기다림이었다.

오늘 경기도 안산 교육지원청에 마련된 단원고 4.16 기억의 교실에 다녀왔습니다. 내일이 세월호 1000일인데 아직도 세월호는 인양되지 못했습니다. 저 세상에 간 영혼들의 밝은 사진을 보면서 부끄럽고 죄스럽다는 생각뿐이었습니다. 2학년 7반 고 허재강 군의 어머니를 만나 재강이 걸상에 앉아 재강이 얘기를 들었습니다. 파충류를 좋아했고 농업고등학교를 가고 싶어 했다는 얘기를 …

2년 전 원내대표 시절 저는 세월호 인양을 정부에 강력히 촉구해 인양 결정을 끌어냈지만, 아직도 인양되지 못해 참으로 송구합니다.
인양과 진실규명, 그리고 안전한 나라 만들기에 더 노력하겠습니다.
"꽃이 진다고 그대를 잊은 적 없다. 우리 모두가 함께 기억하겠습니다" 기억의 교실 입구에 쓰여진 글입니다.
진심으로 미안합니다. 잊지 않겠습니다.

(2017. 1. 8 페이스북 글)

제2연평해전
전사자들을 잊지 말자

2002년 6월 29일 오전 10시 25분 무렵, 서해 북방한계선(NLL) 남쪽 3마일, 연평도 서쪽 14마일 해상에서 북한의 기습적인 포격으로 해전이 벌어졌다. 우리 해군 고속정 참수리 357호의 조타실이 순식간에 화염에 휩싸였다. 양측 함정 사이에 교전이 벌어지면서, 인근 해역에 있던 해군이 합류했다. 25분 후 북한 경비정은 북방한계선을 넘어 퇴각했다. 윤영하 소령, 한상국 중사, 조천형 중사, 황도현 중사, 서후원 중사, 박동혁 병장 (이상 추서계급) 6명이 전사했고, 19명이 다쳤다. 참수리 고속정은 침몰했다. 북한 측 피해 상황은 알려지지 않았다. 국방부는 '북한의 행위가 명백한 정전협정 위반이며, 묵과할 수 없는 무력도발'로 규정하고 북한 측의 사과와 책임자 처벌, 재발방지를 강하게 요구했지만, 아무런 답변도 듣지 못했다.

대한민국 정부는 이 전투를 '서해교전'이라고 명명했다. 제1연평해전이 벌어진 지 3년 만에 같은 지역에서 일어난 남북한 간의 전투였는데, 왜 교전이라고 하는가. 나는 이해가 가지 않았다. 우리나라를 지키던 군인들이, 우리 바다로 밀고 내려온 북한군에 의해 전사했는데 국가가 이럴 수가 있는가. 2002 한일 월드컵 축구대회 중에 전투가 발생해 언론의 조명도 제대로 받지 못했다. 국가안전보장회의는 우발적 충돌로 결론지었고, 같은 내용의 북한 통지문이 오자 수용했다. 그리고 군 통수권자였던 김대중 대통령은 다음날 일본으로 날아갔다. 월드컵 축구 폐막식에 참석하기 위해서라고 했다. 당혹스러웠다. 군인이기에 앞서 국민인 소중한 생명들이 스러졌다. 국민의 생명을 지켜야 할 국가와 대통령은 어디에 있는가. 당시 여의도연구소장이었던 나는 통탄하고 분개하지 않을 수 없었다.

2004년 국회의원이 된 뒤로 나는 매년 제2연평해전 추모식에 참석했다. 맨 먼저 내가 해야 할 일은 호국영령의 혼을 위로하는 것이라고 생각했다. 추모식은 정부의 공식 기념행사가 아니었고, 주관도 해군 2함대사령부였다. 김대중 정부에서 노무현 정부로 바뀌어도 제2연평해전에 대한 정부의 시각은 달라지지 않았다. 공식 명칭은 여전히 '서해교전'이었다. 가슴이 아팠다. 국가를 위해 자식을, 남편을 내주고도 합당한 예우를 받지 못하고 있는 유가족들의 오열은 서러웠다. 추모식에 참석하는 정치인은 해당 지역 의원 등 소수를 제외하고는 거의 없었다. 모두들 무관심했다. '이런 나라라면 누가 국가를 위해 싸우겠는가'라는 상념만 안고 돌아오는 시간이었다.

2008년 보수정권인 이명박 정부가 들어서고 나서야 '서해교전'이란 명칭은 '제2 연평해전'으로 바뀌었다. 추모행사도 보훈처가 주관하는 정부기념행사로 승격됐다. 이명박 대통령은 퇴임하던 해인 2012년, 현직 대통령으로서 처음 기념식에 참석했다.

지나간 정부의 잘잘못을 따지고 싶지는 않다. 그러나 적어도 국방에서만큼은 보수와 진보가 나뉘어서는 안 된다. 국방에서 의견이 갈린다면 핵폭탄을 머리 위에 얹고 있는 북한을 어떻게 상대할 수 있겠는가. 우리는 분단국가다. 언제 전쟁이 일어날지 모르는 나라에서, 국가의 부름을 받고 나라를 위해 목숨을 바친 이들에게 상이한 기준이나 정치적 해석이 적용되어서는 안 된다.

이국만리 이라크에서, 아프가니스탄에서 전사한 장병들의 시신이 운구되어올 때 대통령이 직접 나가 거수경례로 맞이하는 나라가 미국이다. 새벽에 비행장에 나가 서서 기다린다. 공화당 부시 대통령도, 민주당 오바마 대통령도 다르지 않았다.

국가의 명을 받들기 위해 자신의 생명을 다한 장병들을 예우하는 데 무슨 이념의 차이가 필요한가, 보수와 진보가 왜 달라야 하는가, 국가란 무엇인가? 이것이 나라인가 라는 탄식은 어느 경우든 더 이상 나와서는 안 된다. 진보적 국민이건 보수적 국민이건, 군인이건, 학생이건 다 똑같은 대한민국의 국민이다.

'백발의 소년병들'이
나라를 지켰다

1950년 6·25 한국전쟁이 발발했다. 이승만 대통령은 한강 다리까지 끊었지만 북한군의 진격속도를 그리 늦추지는 못했다. 국군의 희생은 늘어만 갔다. 다급해진 군은 소년병들을 모집했다. 소년병은 만 17세 이하의 어린 병사들이다. 총 잡는 법, 총 쏘는 법도 제대로 배우지 못한 채 소년병들은 전선에 투입됐다. 낙동강 전선을 사수해냈던 대구도 마찬가지였다. 낙동강 최후의 방어선이었던 '다부동 전투'에 1만 2천 명의 소년병이 투입됐고 가장 치열했던 이 전투에서 3천여 명의 소년병들이 스러졌다.

2005년 10월 비례대표 의원을 그만두고 지역구 의원이 된 지 얼마 지나지 않아 대구 사무실로 어르신 한 분이 찾아오셨다. 주저하면서 의자에 앉으신 그 분은 살아남은 참전 소년병이었다. 생존 소년병들의 모임

이 있는데 한번 만나달라고 했다. 그러겠다고 말씀드렸다. 경북 영주에
계신다는 소년병 모임 회장님까지, 여러 어르신들이 오셨다. 생존 소년
병들은 조국을 위해 목숨을 걸고 한국전쟁에서 싸웠는데 국가로부터
그 사실조차 인정받지 못하고 있다고 하셨다. 어떻게 그럴 수가 있는
가. 알아보니 만 18세 미만 미성년자 징집은 UN협정 위반이어서 정부
가 위반 사실을 인정하지 않고 있다는 것이었다. 2006년 생존 소년병들
은 청와대에 탄원서를 냈고 그제야 정부는 징집 사실은 인정했다. 그렇
지만 보상은 할 수 없다는 입장이었다. 참으로 이상했다. 그리고 옳지
않다고 생각했다. 나라를 구한다는 생각만으로 총을 잡았던 어린 소년
들을 어떻게 국가가 외면할 수 있는 걸까. 그 분들의 희생으로 지켜낸
대한민국인데 왜 소년병들을 국가 유공자로 인정할 수 없다는 것인가.

나는 19대 국회에 「6·25 참전 소년소녀병 보상에 관한 법률안」을 제
출했다. 16대, 17대, 18대 국회에서 소년소녀병을 국가유공자로 예우해
주려는 법률안은 번번이 자동 폐기됐다. 나는 아예 소년소녀병만을 대
상으로 보상법을 제출했다.

정부는 국가재정을 이유로, 형평성에 맞지 않는다는 이유로 거부했
다. 국방부에 적극적으로 검토해달라고 요청했다. "우리 군을 위해 싸
운 분들인데 어떻게 국방부가 나 몰라라 할 수 있는가. 이 분들은 연세
가 많으시고 5년, 10년 안에 돌아가시게 될지도 모르는데 우리 정부가
최소한의 예산으로 보상을 할 용의는 없는가"라고 국방부 장관에게 호
소했다.

그러나 국방부는 강고했다. 명칭도 소년병에 대한 '보상금'이 아니라

'위로금'으로 해야 한다고 주장했다. 그렇게라도 통과될 수 있도록 해달라고 부탁했다. 국방위의 문턱은 넘었지만 보훈처의 반대로 결국 19대에서도 소년병 보상에 관한 법률안은 국회 법사위와 본회의를 통과하지 못했다. 기대를 많이 하셨을 생존 소년병들께 참으로 죄송했다.

대구의 생존 소년병들은 매년 6월이 오면 낙동강승전기념관에서 전쟁에서 숨진 소년병들을 위해 '6·25참전 순국소년병 위령제'를 지낸다. 나도 가능하면 꼭 참석한다. 한 해 한 해 그렇게 시간이 가는 것이 안타깝고 죄스러운데, 백발의 소년병들은 이제 당신들께서 살 날이 얼마 남지 않았으니 너무 애쓰지 말라고 오히려 나를 위로하신다.

20대 국회에 새로 제출한 소년병 보상법은 내가 정치를 그만두지 않는 한, 통과될 때까지 계속 제출할 것이다. 이런저런 이유를 대며 보상을 거부하는 정부 관료들에게 묻고 싶다. 당신들이라면 10대에 총을 잡고 죽기를 각오하고 전쟁터에 나가라면 나갈 수 있겠는가? 도대체 국가는 왜 존재하는가? 소년병들은 우리에게 국가의 의미를 묻고 있다.

대구 낙동강 승전기념관에서 열린 6·25참전 순국소년병 위령제.

영화 〈나, 다니엘 블레이크〉와
송파 세 모녀

"It's not your fault." 네 잘못이 아니야.

영화 〈굿 윌 헌팅〉에 나오는 대사다. 그 말을 최근 본 감동적인 영화에서 다시 들었다.

"괜찮아. 네 탓이 아니야. 넌 엄마로 잘 버텼어."

새누리당을 나와 새로운 보수, 정말 따뜻한 보수를 제대로 해보자는 마음만으로 모인 의원들, 당직자들과 함께 본 첫 영화는 〈나, 다니엘 블레이크〉였다. 영국의 목수 다니엘 블레이크는 평생을 묵묵히 성실하게 일해왔지만 심장병이 악화돼 일을 쉬어야 하는 상황이다. 질병급여를 신청해도, 실업급여를 신청해도 모두 받아들여지지 않았다. 그런 다니엘 블레이크가 자신보다 더 막막한 처지에 놓인 싱글맘 케이티에게 위로를 건네는 장면에서 가슴이 먹먹해졌다.

켄 로치 감독의 2016년 영국 영화 〈나, 다니엘 블레이크〉는 어쩌면 우리 사회의 단면을 그대로 복사해서 보여주는 게 아닐까 하는 기시감을 느낄 정도로 닮아 있었다. 영화 속 주인공 다니엘 블레이크의 정직하고 성실하게 살아온 한평생은 국가로부터 인정받지 못했다. 세금도 꼬박꼬박 냈던 그가 늙고 병들어서 국가를 향해, 그토록 잘 갖춰져 있다는 영국의 사회복지 제도에 도움을 청하지만 안타깝게도 서류와 절차, 형식이라는 관료주의의 차가운 벽에 부딪히는 절망적인 현실이다.

질병급여는 포기하고 실업급여를 받기 위해 고용센터에 간 다니엘은 관료주의의 벽에 부딪힌다. 이리 치이고 저리 치이고 시키는 대로, 하라는 건 다해봤지만 국가가 굶어죽기 직전의 자신에게 주고 있는 건 인간답게 살 수 있는 물질적·정신적 배려가 아니라 모멸감뿐이라는 걸 깨닫고 상담사에게 말한다. 실업급여 대상자 명단에서 자신의 이름을 빼달라고. 다니엘은 이렇게 말한다. "사람이 자존심을 잃으면 모든 것을 잃는 겁니다. When you lose your self-respect, you're done for." 결국 다니엘은 래커로 벽에다 "굶어 죽기 전에 항고기일을 잡아달라"고 쓰고 시위를 한 끝에 항고심 날짜를 잡게 되지만 심사 직전 화장실에 갔다가 심장마비로 사망한다.

다니엘이 못다 한, 항소변론을 위해 준비했던 인간으로서 존중받고 싶다는 외침은 가장 싼 시간대인 오전 9시에 치러진 그의 장례식에서 케이티가 대신한다. "나는 개가 아니라 사람입니다. 그렇기에 내 권리를 요구합니다. 인간에 대한 존중을 요구합니다. 나, 다니엘 블레이크는 한 명의 시민 그 이상도 이하도 아닙니다. I am a man, not a dog. As such, I demand my rights. I demand you treat me with respect. I, Daniel Blake, am a citizen, nothing more, nothing less."

우리의 현실은 어떤가?

불합리한 정부의 복지정책에 좌절하는 우리 사회의 많은 '다니엘 블레이크'들도 매일 인간으로서의 존엄을 지키기 위해 사투를 벌이고 있다. 다니엘 블레이크가 인간으로서의 존엄을 항변하며 끝까지 투쟁하는 방식을 택했다면 2014년 2월 서울 송파구의 세 모녀는 이 땅에서 인간으로서의 존엄을 끝내 지키지 못하고 스스로 목숨을 끊는 선택을 했다.

암으로 먼저 떠난 아버지가 남긴 빚 때문에 신용불량자가 돼 취직을 못하고 고혈압과 당뇨를 앓던 두 딸. 몸이 아파 식당일마저도 할 수 없게 된 60대 어머니는 생활고에 시달리다 "정말 죄송합니다"는 편지와 함께 마지막 집세와 공과금이라며 70만 원이 든 봉투를 지하 셋방에 남

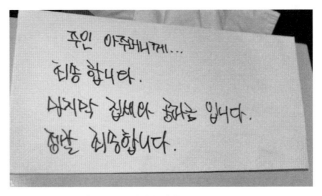

송파 세 모녀가 세상을 떠나면서 남긴 손 편지.

기고 떠났다.

이들에겐 매달 4만 8천 원의 건강보험료까지 꼬박꼬박 부과되고 있었다고 한다. 이런 냉혹한 현실 앞에 정말 죄송한 건 우리인데, 대한민국이어야 하는데, 왜 국가가 아닌 국민들이 "죄송하다"며 목숨을 끊어야 하나. 세 모녀가 왜 기초생활보장 수급자 신청도 안했는지 안타깝다고 말하는 이도 있었다. 하지만 그들이 신청을 했더라도 수급자로 선정될 확률은 거의 없었다는 게 전문가들의 중론이다. 두 딸과 어머니 모두 18~64세 사이여서 근로능력자로 분류되고, 또 고혈압이나 당뇨의 경우에는 일할 수 있다고 보기 때문에 실제로 일을 하지 않더라도 '추정소득'이 부과된다. 이렇게 되면 1인당 50~60여만 원의 소득이 있는 것으로 간주돼 3인 가구 최저 생계비를 넘기게 되므로 기초생활보장 수급자에서 탈락하는 역설적인 상황이 발생하게 되는 것이다.

세 모녀가 극단적인 선택을 하기 전에 "괜찮아요, 세 분 탓이 아니에요. 그렇게 힘든데, 정말 잘 버텨왔어요. 이제부터는 우리가 책임지겠습니다"라고 손을 내밀었어야 했던 건 우리가 살고 있는 사회, 대한민국이었다. 국가는 왜 존재하는가?

이렇게 위기에 빠진 공동체 구성원을 보호하는 것, 이것이 국가의 존재 이유 아닌가. 한 공동체의 구성원이 힘들고 지치고 낙오하게 되면 그들을 버려두고 가는 것이 아니라 다시 일어설 수 있도록 북돋워주는 것이 국가의 당연한 책무라고 나는 확신한다. 국가란 그런 것 아니겠는가.

국가란 무엇인가?

교과서에 나오는 국가의 일반적인 정의는 일정한 영토와 거기에 사는 사람들, 주권(主權)에 의해 다스려지는 사회집단이다. 국민·영토·주권이 국가의 3요소라며 우리는 교실에서 배웠고 외웠다.

정치학에서는 근대국가를 합법적 폭력의 독점과 결부시켜 설명한다. 일정 영역 안에서 물리적 강제력, 군사력을 효과적으로 독점하고 이 기반 위에서 대내외적으로 주권을 실질적으로 주장하는 집단이 국가라는 것이다(박상섭 지음, 『국가, 전쟁, 한국』, 2012년, p.25). 국민, 영토, 주권, 합법적인 폭력의 독점…….국가는 그걸로 충분한 걸까? 다음은 이탈리아의 통일운동을 이끌었던 정치 지도자 쥬세페 마치니(Giuseppe Mazzini)의 말이다.

조국은 땅이 아니다. 땅은 그 토대에 불과하다. 조국은 이 토대 위에 건립한 이념이다. 그것은 사랑에 대한 사상이며, 그 땅의 자식들을 하나로 엮어내는 공동체에 대한 의식이다. 당신의 형제 중 어느 하나라도 투표권이 없어 나라 일에 자신의 의사를 전혀 반영할 수 없고, 어느한 사람이라도 교육받은 자들 사이에서 교육받지 못한 채 고통받고 있는 한, 그리고 어느 한 사람이라도 일할 수 있고 또한 일하고자 하는데도 일자리가 없어 가난 속에서 하는 일 없이 지내야 하는 한, 당신에게당신이 가져야 하는 그러한 조국은 없다. 모두의 그리고 모두를 위한바로 그 조국을 당신은 가지고 있지 않은 것이다.

(모리치오 비롤리 지음, 김경희·김동규 옮김, 『공화주의』, 2012년, p.173 재인용)

마치니는 "진정한 조국은 모든 시민들에게 시민적·정치적 권리뿐만 아니라 일할 권리, 그리고 교육받을 권리까지 보장해야 한다. 조국은 함께 사는 집 같은 곳이어서 우리와 비슷하고 가까운, 그래서 이해할 수 있고 소중하게 느낄 수 있는 사람들과 함께 살아간다"고 역설했다. 19세기 이탈리아의 현실을 보고 한 말인데 21세기인 지금 대한민국은 어떠한가? 마치니가 열거한 조국(국가)의 조건을 제대로 갖추고 있는가?

우리 헌법은 근로의 권리를 분명히 규정하고 있다. "제32조 1항: 모든 국민은 근로의 권리를 가진다. 국가는 사회적·경제적 방법으로 근로자의 고용의 증진과 적정임금의 보장에 노력하여야 하며, 법률이 정하는 바에 의하여 최저 임금제를 시행하여야 한다. 2항: 모든 국민은 근로의 의무를 진다. 국가는 근로의 의무와 내용과 조건을 민주주의 원칙에 따라 법률로 정한다. 3항: 근로조건의 기준은 인간의 존엄성을 보장하도록 법률로 정한다." 이처럼 헌법에는 근로가 권리이자 의무로 되어 있지만 실제로 우리 사회에서 일할 권리가 보장되고 있는가? 그렇지 못하다. 일하고 싶어도 일할 수 없는 이들이 넘쳐나고 있다.

또 우리 헌법은 교육받을 권리를 보장하고 있다. "제31조 1항: 모든 국민은 능력에 따라 균등하게 교육을 받을 권리를 가진다"고 되어 있다. 헌법 31조는 제대로 지켜지고 있는가. 나는 교육의 가치는 절대 경제적 효율성만으로는 평가될 수 없다고 생각한다. 왜냐하면 교육은 기회이기 때문이다. 기회가 평등하지 못하면, 결과의 불평등은 더욱 커진다. 또 결과가 불평등하면 기회의 평등을 지키기도 어렵다.

내 아버지가 사셨던 시대는 교육이 기회가 되고, 온 가족의 꿈이 될 수 있었다. 경북 산골에서 태어나 초등학교에 가려면 왕복 4시간 가까이 걸렸지만 아버지 세대에는 평등한 공교육의 기회가 있었다. 열심히 공부해 명문 공립중학교에 진학한 뒤, 고등 고시에 합격해 법관이 된 아버지에게는 교육이 기회의 사다리였다.

내 세대도 크게 다르지 않았다. 모교인 경북고등학교는 비평준화 시절 공립 명문이었는데, 동기동창생 가운데는 집안 형편이 어려운 수재들이 많았다. 그 중 한 친구는 고등학교 1학년 때부터 가정교사를 하면서도 열심히 공부해 3년 내내 전교 일등, 수석 졸업을 하고 서울대에 수석 입학한 뒤 판사를 거쳐 지금은 변호사로 활동하고 있다. 공교육을 받으며 혼자 열심히 공부하고 노력하면 개천에서 '용'이 나는 것이 가능했다.

그러나 공교육이 황폐화된 지금은 오히려 교육이 경제적·사회적 불평등을 유지하고 강화하는 데 기여하고 있다. 이래서는 안 된다. 계층 간 이동을 가능하게 하는 희망의 사다리를 다시 만들어야 한다. 대한민국 국민이라면 누구나 좋은 교육을 받을 수 있는 기본권을 확실하게 보장하는 것이 교육개혁의 목표가 되어야 한다. 사교육이 저절로 퇴출될 때까지 적극 개입해서 공교육의 질적 수준을 높여야 한다. 그래야 국가다. 희망을 주지 않는 공동체는 유지될 수가 없다.

아리스토텔레스는 국가는 같은 곳에 거주하는 사람들의 단순한 공동체가 아니라고 했다. 영토, 국민, 주권이 필수조건이긴 하지만 그런 조건들이 충족된다고 해서 진정한 국가가 존재하는 것은 아니라는 의미로 읽힌다(아리스토텔레스 지음, 천병희 옮김, 『정치학』, 2009년, p.159). 또 그는 국가의 목적과 존재 이유는 정의이고, 단순한 생존이 아닌 훌륭한 삶을 제공하는 것이라고 규정했다. 정의는 평등한 사람들에게 평등하게 분배되어야 하고, 최선의 국가는 누구나 가장 훌륭하게 행동할 수 있고 행복하게 살 수 있는 제도여야 한다고 했다. 그래서 훌륭한 정치가가 할 일은 개개인의 훌륭한 삶과 행복이 가능하도록 하는 것이다(같은 책, pp.368~370).

우리 헌법은 제10조에서 "모든 국민은 인간으로서의 존엄과 가치를 가지며, 행복을 추구할 권리를 가진다. 국가는 개인이 가지는 불가침의 기본적 인권을 확인하고 이를 보장할 의무를 진다"고 적시하고 있다. 제34조는 "모든 국민은 인간다운 생활을 할 권리를 가진다"고 규정한다.

현실은 헌법과 같은가? 대한민국이란 국가는 정의로운가? 국민들의 행복을 지켜주고 있는가? 국민들이 훌륭하게 살 수 있도록 보장해주고 있는가?

모두의, 모두를 위한 나라여야 한다. 보수만을 위한 나라, 진보만을 위한 나라는 없다. 부자만을 위한 나라, 정규직만을 위한 나라도 없다. 서민과 비정규직의 고통을 더 이상 외면해서는 안 된다. 너와 나, 우리가 함께 가지 않으면 대한민국이라는 공동체는 안에서부터 무너질 수 있다. 국가도 생물이기 때문이다. 그 전에 변해야 한다. 국민들이 행복하고 훌륭한 삶을 살 수 있도록 하는 나라, 대한민국을 원한다.

5

정의란 무엇인가?

공군사관학교
여성 수석 졸업생

2014년 공군사관학교 졸업식에서 수석 졸업은 여생도가 차지했다. 공군사관학교 수석 졸업생은 대통령상을 받고, 2등 졸업생이 받는 상은 국무총리상이다. 그런데 그 해 공군사관학교는 막판에 수석인 여생도에게 대통령상이 아니라 국무총리상을 주고, 2위인 남생도에게 대통령상을 주겠다는 어처구니 없는 결정을 했다. 등수는 그대로인데 2위와 1위가 받을 상을 뒤바꾼다는 것이었다. 여생도는 국방부에 성차별 고충 처리 민원을 제기했지만 얼마 후 공군사관학교의 명예가 훼손되는 것을 원하지 않는다며 스스로 민원을 철회했다.

국회 국방위원장이었던 나는 그 소식을 접하고 충격을 받았다. 공군사관학교 측에 공사 학칙, 예규, 수상자 선정이 이뤄질 때의 회의록, 그 밖의 관련 자료를 제출해달라고 요구했다. 자료를 하나하나 살펴보니 당혹스러웠다. 여생도는 아무런 결격 사유가 없었다. 세상에 어떻게 이런 일이 있을 수 있나 라는 생각이 든 건 나뿐만이 아니었다. 국방위의 동료 의원들도 같은 생각이었다. 나는 공군사관학교 교장과 관계자들에게 국회 국방위 전체회의에 출석해달라고 요청했다.

국방위에 나온 공사 교장에게 여야 가릴 것 없이 의원들의 질타가 쏟아졌다. "공사에서 여성이라고 불이익을 주는 것 아니냐," "해당 여생도에게 결격사유가 있다면 포상 대상 자체에서 배제해야 하는 것이지 대통령상에는 부적격이고 총리상에는 적격이란 게 말이 되느냐," "공사 예규에 리더십이나 동기생 평가 등은 수상자를 바꾸는 이유로 들어가 있지 않다. 분명히 불공정한 처사다." 모두 올바른 지적이었다.

교장은 해명을 늘어놓느라 바빴다. "졸업 서열 1위가 대통령상을 수상하지만 결격 사항이 있으면 운영위 심의를 통해 정한다"고 말문을 열더니 "종합 성적은 여생도가 4년간 1등이지만 자기계발 노력을 끝까지 다하지 않아 2위 생도에 비해 상대적으로 낮은 평가를 받았다"라는 평계를 댔다. 급기야 1, 2위 수상이 바뀐 것에 대해 "학업성적뿐만 아니라 인성이 중요하다는 메시지다"라고까지 말했다.

듣고 있으려니 너무 황당했고 분노가 치밀었다. 자기계발 노력을 끝까지 다하지 않았다는 평가는 도대체 어떻게 가능한가? 여생도의 인성에 무슨 문제가 있다는 말인가? 비열한 변명이었다. 나는 회의를 주재하는 위원장이니만큼 되도록 다른 의원들이 발언할 수 있도록 배려했지만 그런 말을 듣고도 가만히 있을 수는 없었다. "교장 선생님께서는 개인의 인격을 함부로 훼손해서는 안 됩니다. 성적은 1등을 했는데 대통령상을 못 받은 여생도가 인성이 부족합니까? 인성은 누가 판단합니까?" 내 질문에 공사 교장은 "종합적으로 판단했다"고 말했다. 정말 구구했다.

그냥, 적당히, 그렇게 넘어갈 수 없었다. 그 자리에서 공사로부터 제출받은 교육운영위원회 회의록을 읽었다. "교학과장의 증언입니다. '1등 생도의 수상 결격 사유를 찾아보기 어렵다. 기본군사강화 훈련 하나를 제외하면 1등 생도는 수중생활훈련, 해양생환훈련 등에서 2등 생도보다 우수한 성적을 보였다. 1등 생도를 직접 가르쳤는데 하고자 하는 의지와 정신적인 측면이 상당히 강하고 장래도 촉망되는 생도이기 때문에 결격사유를 찾아보기 어렵다.' 수많은 회의록 증언 중 하나입니다. 공사 예규가 애매하다는 것은 턱도 없는 거짓말입니다. 심의위원들이 집단으로 1등을 도둑질한 것입니다."

공정하지 않으면 생도들뿐 아니라 지켜보는 사람들도 승복할 수가 없다. 규칙과 학칙, 예규는 따로 있고 교육운영위원회 장교들끼리 모여서 결정해버리면 그만인 사관학교에서 생도들이 뭘 배우겠는가. 정의롭지 못한 윗사람들의 행태를 보고 자란 생도들이 어떻게 우리나라 영공을 수호하겠는가.

나는 다시 말했다. "2등을 한 남자 생도가 대통령상을 받으면 그 사람인들 평생 떳떳하겠습니까? 심의를 다시 해주세요, 규정에 따라 판단해주시면 됩니다. 그렇지 않으면 군사기밀이 아닌 만큼 이 교육운영위 회의록을 공개하겠습니다."

결국 공사의 3차 심의에서 뒤바뀐 수상은 바로 잡혔다.

며칠 뒤 열린 공사 졸업식에 나는 국방위원장으로서 참석했다. 수석을 차지한 여생도가 대통령상을 자랑스럽게 받는 것을 지켜봤다. 수상이 뒤바뀐 것도 억울한데 언론에서, 국회에서 자신의 일을 놓고 격론이 벌어질 동안 얼마나 마음고생이 심했을까? 저 생도의 부모님들은 또 오죽하셨을까? 그 생도의 당당한 모습을 볼 수 있어서, 정의가 바로 세워질 수 있다는 것을 보여줄 수 있어서 정말 다행이었다.

그 일이 있은 지 며칠 후 미국으로부터 이메일 한 통을 받았다. 공사 교관으로 3년 동안 생도들을 가르친 뒤 미국 유학 중인 어떤 분이 보내온 것이었다. 〈감사의 편지〉라는 제목이었다.

최근 논란이 되었던 대통령상 부당 박탈의 피해자인 생도는 제가 3년간 가르쳤던 생도였고, 누구보다 가까이서 지켜보았기에 최근의 논란을 접하며 분노를 금할 수 없었습니다. 언론에선 이름을 밝히지 않았지만 이미 1학년 때부터 탁월한 실력으로 두각을 나타냈던 생도였기에 저는 기사를 접하자마자 피해자가 누구인지 알 수 있었습니다.
이런 훌륭한 인재가 부조리한 권위와 편견에 의해 정당한 상을 박탈당하는 것을 보며 저는 분노하지 않을 수 없었고, 그 생도가 혹여나 이 일로 큰 뜻을 품고 봉사하려 했던 군과 국가에 불신과 회의를 느끼지는 않을지 크게 걱정하고 있었습니다. 그러나 다행히 국방위원장께서 이 문제에 관심을 갖고 적극적으로 이의를 제기해주신 것을 보며, 그래도 아직 세상에 못난 어른들만 있는 것은 아니라는 안도감을 느꼈습니다. 소중한 인재가 부당하게 모욕당하고 무력하게 상을 빼앗길 뻔했던 것을, 문제를 제기해주신 덕에 재심의까지 가게 되었다는 소식을 접했습니다. 생도는 아마도 크게 위로받고 이 나라에 대해 절망하지 않을 수 있었을 것입니다. 저 또한 그렇습니다.

나 또한 다행이었다. 정의로운 이들이 절망하지 않게 돼서, 이 나라에 희망을 계속 갖게 돼서. 무엇이 정의인가? 이것이 왜 중요한가? 정의롭지 못한 일은 당사자만의 일로 끝나지 않는다. 한 시민의 정의가 좌절되면 그 사회 전체의 정의가 좌절되는 것임을 깨닫게 해준 일이었다.

이 글을 쓰다 보니 새삼 궁금하다. 그 생도는 대한민국의 훌륭한 공군 장교로서 씩씩하게 잘 복무하고 있는지, 유학을 떠났던 교관은 박사 학위를 끝내고 돌아왔는지……. 새로운 대한민국은 그 분들이 만들어나갈 것이라고 믿는다.

김오랑 중령,
의로운 참군인

    1979년 12월 12일, 신군부가 쿠데타를 일으켰다. 전두환을 중심으로 한 신군부 세력은 최규하 대통령의 승인 없이 당시 계엄사령관인 정승화 육군참모총장, 정병주 특수전사령부 사령관, 장태완 수도경비사령부 사령관 등을 강제로 연행하고 권력을 장악했다. 이것이 '12·12 사태'다. 군사반란 사건이었다.

    특전사령관 체포에는 신군부 편에 선 특전사 예하 3공수여단 병력이 투입됐다. M16으로 무장한 3공수여단이 서울 송파구 거여동에 있는 특전사 사령관실에 난입했을 때 반란군에 홀로 맞선 군인은 김오랑 소령이었다. 그는 정병주 특전사령관의 비서실장이었다. 김오랑 소령이 가진 무기는 권총 하나였다. 죽음을 각오하고 맞선 김오랑 소령은 결국 여섯 발의 총탄을 맞고 현장에서 숨졌다.

정병주 사령관도 총상을 입고 연행되어갔다. 김오랑 소령은 12·12 사태 당시 쿠데타군에 저항해 목숨을 잃은 단 한 명의 육사 출신 장교였다. 또한 특전사에서 유일하게 실탄을 장전하고 쿠데타 세력에 대항한 군인이었다. 부대 뒷산에 묻혔던 그의 시신은 이듬해 육사 동기생들의 탄원으로 국립묘지로 이장됐다.

12·12 사태가 일어났을 때 나는 군대에 있었다. 1979년 1월 5일 안동 36사단 훈련병으로 입대한 뒤 현 방위사업청 자리에 있던 수도경비사령부(지금의 수도방위사령부) 보충교육대에서 후반기 훈련까지 마친 나는 수경사 33경비단에 배치됐다. 하루도 편히 잔 적이 없을 정도로 수경사의 군기는 엄했고 훈련은 고됐다.

입대 후 열 달이 지나자 10·26 사태(박정희 대통령 시해 사건)가 발생했다. 그리고 얼마 못 가 12·12 사태가 일어났다. 12·12 사태에 관한 소식은 군대 내에서 빠르게 퍼졌다. 일등병이었던 내 귀에도 특전사령관이 체포됐다는 이야기가 들려왔다. "정병주 사령관이 잡혀가고 비서실장이었던 소령은 저항하다 총에 맞아 현장에서 사망했다. 필동의 수경사 사령관실에는 장군들이 여러 명 모여 쿠데타 진압을 지휘하고 있었는데 반란군에 가담한 수경사 헌병단의 헌병들이 이 장군들을 전부 체포했다"는 충격적인 내용이었다. 신군부의 무자비함에 대한 분노, 생사의 기로에서 흔들리지 않고 군의 명예와 상관을 지키기 위해 항거했다는 소령에 대한 경외심과 슬픔이 뒤섞여 마음이 아팠다.

정병주 특전사령관이 체포되고 나서 전두환 신군부 세력에 맞서 끝까지 저항했던 분은 장태완 당시 수경사령관이었다. 쿠데타 세력들에게 "꼼짝 말고 있어, 전차를 끌고 가서 전부 박살낼 테니"라고 분노한 것으로 알려진 분이다. 그러나 수경사의 핵심 병력인 30경비단, 헌병단 부대들이 속속 쿠데타 세력에 넘어간 상태에서 장태완 사령관이 할 수 있는 것은 많지 않았다. 역부족이었다. 장태완 사령관은 결국 체포됐고, 이등병으로 강등돼 불명예 제대하는 수모를 당했다. 그날 밤을 꼬박 새우고 12월 13일 아침이 밝자 9사단장이던 노태우 사령관의 취임식이 곧바로 연병장에서 있었다. 수경사는 무거운 침묵 속에 빠졌다. 할 수 있는 것이 아무 것도 없던 때였다.

군대에서 그렇게 들었던 김오랑 소령의 소식을 다시 접하게 된 것은 수십 년이 지나서였다. 김오랑 소령은 1990년에 가서야 중령으로 추서됐지만, 그 이외에는 정부로부터 별다른 예우를 받지 못했다고 했다. 남편을 잃은 충격에 시력을 잃은 김 중령의 부인 백영옥 여사는 의문의 실족사로 생을 마감했고 김 중령의 어머니도 세상을 떠나셨다. 가족, 친지, 육사 동기, 그리고 민간단체를 중심으로 김오랑 중령의 명예 회복 요구가 잇따랐지만 역대 정부들은 이를 받아들이지 않았다. 17·18대 국회에 '고(故) 김오랑 중령 무공훈장 추서 및 추모비 건립 촉구결의안'이 발의됐지만 통과되지 못했다. 명예회복의 길은 멀고도 더뎠다.

19대 국회에 '고 김오랑 중령 무공훈장 추서 및 추모비 건립 촉구 결의안'이 다시 제출되었다. 내가 국방위원장일 때였다. 나는 촉구 결의안을 꼼꼼히 읽었다.

"군사반란에 저항하는 과정에서 반란군의 사격에 의해 사망한 고 김오랑 중령에 대하여 훈장 추서를 촉구하고, 안일한 불의의 길보다 험난한 정의의 길을 택한다는 사관생도의 신조를 몸소 실천한 김오랑 중령의 추모비를 모교인 육군사관학교 경내에 건립하기를 촉구한다"는 내용이었다. 12·12 당시 정병주 특전사령관의 비서실장이었던 젊은 소령, 그 분이었다. 나는 김오랑의 특전사 후배이자 '참군인 김오랑 기념사업회' 사무총장인 김준철 씨가 전해준 책,『역사의 하늘에 뜬 별 김오랑』을 읽었다. 이렇게 의로운 군인이 사후에라도 제대로 평가받지 못한다면 정의가 아니라고 생각했다. 당연히 통과되어야 하는 결의안이었다. 그러나 국방부의 저항은 길고 질겼다.

전직 군인들이 대거 포진해 있는 국회 국방위 내부에서도 의견이 갈렸다. 여당 의원끼리도 설전이 오갔다. 김오랑 중령의 육사 후배인 A 의원은 "국방부에서 김 중령의 공적을 기려줘야 상무정신이 살아나고, 진짜 국가를 위해 목숨을 바치는 군인이 나타난다"며 결의안 통과를 주장했다. 그러나 같은 새누리당인 B 의원은 "여기 있는 예비역·현역 모두 반란군의 후배다. 당시 임무 수행에서 현 국방부 장관도 자유롭지 못할 것"이라고 나섰다. "안보 상황이 위태로운 시기에 군을 분열시키는 논란은 중지해야 한다"고도 말했다.

반란군과 반대 세력이 싸운, 전시에 준하는 비상 사태였으니 무공훈장을 수여해야 하고 사관생도에게 험난한 정의의 길을 가는 사표를 보여주기 위해서라도 육사에 김오랑 중령의 추모비를 설치해야 한다는 의견은 백번 옳았다. 그러나 국방부는 반대 의사를 굽히지 않았다. 당시 국방부 장관은 "12·12사태가 군사반란이라는 대법원 판결은 존중하지만, 전투에 참가하거나 직접 지역에서 공격에 대응하는 것이 전투에 준하는 직무수행인지는 전문가 의견을 들어봐야 한다"며 거부했다.

이번에는 꼭 김오랑 중령 촉구 결의안이 통과되어야 했다. 이런 일은 누군가 자신의 일처럼 나서지 않으면 이뤄지지 않는다. 나는 "훈장에 무공훈장이 포함될 수 있고, 추모비 장소는 육사든, 특전사령부든 국방부에 맡겨주는 게 어떠냐"고 설득했고, 결의안은 통과됐다. 국회 본회의에서도 결의안은 가결됐고 정부는 2014년 보국훈장 추서를 결정했다. 그해 4월 특전사 연병장에서 열린 특전사 56주년 창설 기념일 행사에서 김오랑 중령 훈장 전수식이 열렸다. '무공' 대신 '보국' 훈장이었지만 국가와 군의 명예를 지키기 위해 정의를 선택한 김 중령을 기리는 마음은 전해졌으리라 믿는다.

참군인 김오랑기념사업회에서 받은 감사패.

나중에 김준철 씨가 국회로 나를 찾아왔다. 김오랑 중령의 작은 흉상이 있는 감사패를 들고 오셨다. 많이 기뻐하고 고마워하셨다. 미력하지만 힘을 보탤 수 있어서 다행이었다. 35년이라는 시간은 걸렸지만 뒤늦게라도 의로운 분이 합당한 예우를 받게 돼서, 명예를 회복할 수 있게 돼서 정말 다행이었다.

그러나 아직까지도 김오랑 중령의 추모비는 육사에도, 특전사에도 세워지지 않았다. 반대 때문이다. 국회의 촉구 결의안도 먹히지 않는 것이다. 그동안 김오랑 기념사업회와 친지들은 일일찻집을 여는 등의 모금활동을 벌인 노력 끝에 김 중령의 고향 김해에 그의 흉상을 세웠다. 여기에 국고는 지원되지 않았다.

정의의 완성을 위해 나는 언젠가는 김오랑 중령의 추모비가 육군사관학교에 세워지기를 기다린다.

징병제와 모병제,
그리고 정의

아흔이 넘은 영국 여왕 엘리자베스 2세는 참전 군인이다. 공주였던 그녀는 제2차 세계대전이 발발하자 조국을 위해 군에서 복무할 수 있도록 해달라고 아버지이자 국왕이었던 조지 6세에게 말했다. 조지 6세는 이 요청을 받아들였고, 공주는 소위로 입대했다. 군용 트럭을 몰고, 차량을 정비하고, 탄약을 관리하는 엘리자베스 2세의 모습은 영국민들에게는 노블레스 오블리주의 상징으로 남아 있다.

엘리자베스 2세 여왕의 차남 앤드루 왕자는 포클랜드 전쟁 당시 전투기 조종사로, 왕세손인 해리 왕자 역시 아프가니스탄 최전선에서 육군으로 복무했다.

대한민국 헌법 39조는 병역의 의무를 규정하고 있다. 39조 1항은 "모든 국민은 법률이 정하는 바에 의하여 국방의 의무를 진다." 39조 2항은 "누구든지 병역의무의 이행으로 인하여 불이익한 처우를 받지 아니한다"고 규정하고 있다. 병역법 3조 1항은 "대한민국 국민인 남성은 헌법과 병역법이 정하는 바에 따라 병역 의무를 성실히 수행하여야 한다. 여성은 지원에 의하여 현역 및 예비역으로만 복무할 수 있다"라고 되어 있다. 대한민국의 모든 남성들은 병역의 의무를 진다는 것이다.

1950년 한국전쟁이 발발한 이후 남과 북이 휴전상태에서 64년째 대치하고 있는 것이 우리의 안보 현실이다. 우리의 상대는 피를 나눈 형제도 제3국에서 독살하는 잔혹한 북한 김정은 정권이다. 상식으로는 판단할 수 없는 정체(政體)다. 국가안보에 언제 무슨 위험이 터질지 한 치 앞을 내다볼 수 없는 우리는 징병제를 유지해왔다. 신체 건강한 대한민국의 남성이라면 누구나 평등하게 국방의 의무를 지도록 해왔다.

권리와 의무는 공평해야 한다. 공정한 배분은 정의의 기본이다. 누구는 의무를 이행하고 누구는 이행하지 않는다면 공동체는 유지될 수 없다.

일각에서는 징병제를 모병제로 바꾸자는 주장이 나오고 있다. 모병제로 전환해서 정예 강군을 만든다는 발상이다. 모병제 하에서 군에 가겠다면 병사들 월급을 대폭 올리고 군에 가지 않겠다면 대체복무를 하든지 세금을 더 내든지 하겠다는 것이다. 이렇게 되면 부잣집 아들은 군에 안 갈 것이다. 집안 형편이 어려운 아들들만 군에 가게 될 것이다. 징병제 하에서도 고위 공직자나 그 자제들의 군 면제 비율이 이상하게 높고 또 불법적인 병역 면탈이 이뤄지고 있는데 모병제로 전환하면 과연 이들 중 몇 명이나 자발적으로 입대해서 나라를 지키려고 하겠는가?

군대 가야 할 시기에는 그렇게 아파서 못 간다더니 면제 판정만 받고 나면 어떻게 씻은 듯이 나아서 고시에 합격하고, 고위공직자가 되고, 활발하게 사회활동을 하는 건지 신기한 노릇이다. 국민들 눈에는 오죽하겠는가. 그러나 그렇다고 해서 아예 대놓고 군에 가지 말라고 하는 것은 옳지 않다. 더욱 철저하게 불법 면탈 시도를 차단하고 적발되면 엄하게 다스려야 한다.

모병제를 주장하는 사람들은 사병의 월급을 올리고 무기와 장비를 현대화하면 된다고 한다. 예산의 문제로 귀결된다는 것이다. 그러나 문제는 돈이 아니다. 정작 중요한 문제는 과연 우리의 현실에서 모병제가 과연 공정하고 평등하고 정의로운 제도라고 할 수 있는가 하는 것이다.

모병제를 주장하는 사람들이 내세우는 또 다른 논리는 대다수 선진국들이 모병제를 채택하고 있다는 것이다. 그런데 모병제를 도입한 상당수 국가가 모병에 어려움을 겪고 있다. 미국 정부는 이라크·아프가니스탄 전쟁을 치르면서 사면을 대가로 재소자를 입대시키고 시민권 부여를 조건으로 불법 이민자들을 끌어모으기도 했다.

프랑스도 모병이 원활히 이뤄지지 않자 다시 징병제를 도입하는 방안을 심각하게 고민 중이다. 타이완은 2015년부터 모병제를 도입하려고 했지만 지원자가 정원에 크게 밑돌자 두 차례 연기한 끝에 2018년으로 도입 시기를 늦췄고, 이마저도 제대로 시행될 수 있을지 불투명한 상황이다.

또 다른 나라의 경우 모병제를 하다가도 안보에 위기가 오면 징병제로 전환하기도 한다. 러시아의 군사적 위협 앞에서 노르웨이, 스웨덴 등 스칸디나비아 국가들이 징병제를 다시 도입했거나 검토하는 사례도 있고, 독일이나 프랑스도 징병제 재도입을 검토하고 있다.

지난해 우리나라 출생아 수는 40만 6천 명, 역대 최저다. 군에 갈 청년들의 숫자는 갈수록 감소할 것이다. 모병제를 했는데 충분한 수의 인원이 지원하지 않는다면 어떻게 할 것인가? 월급을 무한정 올려줄 수는 없을 것이다. 돈만으로는 해결되지 않는다. 정예강군은 징병제를 유지하되, 직업 군인인 부사관을 확충하고 군사력을 현대화해서 해결할 문제이지 결코 모병제로 해결할 문제는 아니다.

내가 모병제를 반대하는 이유는 이렇다.

첫째, 경제적 불평등이 심각한 사회에서 과연 무엇이 공정한 기회균등이고 무엇이 자유로운 선택인가? 가난 때문에, 일자리가 없어서 어쩔 수 없이 군에 가는 것을 선택할 수밖에 없다면 그것은 기회균등도 아니고 자유로운 의사로 군에 가는 것도 아니다. 즉 자유가 아니라 강제인 것이다. 법이 강제하지 않더라도 경제적 어려움이 강제하는 것이다. 미군이 그 단적인 예다. 미군의 모병제는 법적으로는 모병제인데 경제적으로는 징병제라는 지적이 있다. 옳은 지적이다. 실제로 미국은 모병제로 전환한 이후 일류대학의 대학생, 부자나 상하원 의원의 자녀는 거의 군에 지원하지 않는다.

양극화가 심각한 우리 상황에서 모병제를 하면 부잣집 자식들은 군에 안 가고 가난한 집 자식들만 군에 어쩔 수 없이 가게 되는 불공정한 문제가 발생하게 된다고 생각한다.

둘째, 우리나라와 같이 안보가 심각한 상황에서 나라를 위해 목숨을 걸고 싸우는 책임을 지는 것은 시민의 의무다. 국방이라는 공동선을 위한 시민의 의무, 책임이자 미덕인 것이다. 우리 국민들은 전방의 병사들을 모두 내 자식이라고 생각한다. 시민의 의무를 공평하게 다하기 때문이다. 그런 시민의 의무를 돈으로 사고파는 상품으로 취급하는 것은 옳지 못하다. 내가 경제학을 공부했지만 돈으로 사고팔 수 없는 게 있다. 더구나 지금 북핵 문제 때문에 우리 안보가 이렇게 심각한 위기에 처한 상황인데 모병제를 꺼내는 것은 성사될 가능성도 없는 한가한 생각이라고 본다.

장 자크 루소는 『사회계약론』에서 시민의 의무를 팔릴 물건으로 전락시키는 행위는 자유의 가치를 옹호하는 게 아니라 오히려 깎아내린다고 주장했다. 옳은 말이다.

인권유린 등 부조리한 군대문화, 병역비리, 방산비리는 반드시 바로잡아야 한다. 그러나 이것 때문에 대한민국 공동체가 공평하게 나눠야 할 의무를 소홀히 해서는 안 된다. 자유로운 의사로 군에 가고 자기계발을 하고 싶다면 부사관제도, 장교입대 등 다른 선택지가 있다.

정의란 무엇인가?

아리스토텔레스는 국가의 존재 이유는 정의라고 했다. 평등한 사람들에게 평등하게 분배되는 것이 정의다. 대한민국은 정의로운가? 대한민국이라는 국가는 훌륭한가? 국민들은 행복한가? 2017년 봄 국민들은 이 질문에 답을 할 것이다.

정의(正義)가 무엇인지 한마디로 정의(定義)내리기는 쉽지 않다.

불의한 것의 반대라면 올바른 것이 정의가 될 것이다. 불공정과 불평등이 아닌 것이라면 정의는 공정한 것, 공평한 것이다. 정의의 여신이 눈을 가린 채 저울을 들고 있는 것은 정의가 한쪽으로 치우치지 않은 공평무사한 개념이라는 상징적 표현인 것으로 나는 받아들인다.

미국 하버드대 철학교수였던 존 롤스는 그의 명저 『정의론』에서 "공정으로서의 정의(justice as fairness)가 민주주의 전통의 공통된 핵심"이라고 말했다. 롤스에 따르면 정의는 사회제도의 제1덕목으로, 전체 사회의 복지를 위한다는 명목으로도 유린될 수 없는 불가침성(inviolability)을 갖는다. 다른 사람들이 갖게 될 보다 큰 선을 위해 소수에게 희생을 강요해도 좋다는 주장을 정의는 용납할 수 없고, 정의에 의해 보장된 권리들은 어떠한 정치적 거래나 사회적 이득의 계산에 좌우되지 않는다는 것이다. '최대다수를 위한 최대행복'으로 요약되는 공리주의를 정면으로 부인한 것이다(존 롤스 지음, 황경식 옮김, 『정의론』, 2003년, pp.16~36).

"너 하나만 참으면 돼"라며 개인의 희생을 강요하는 경우가 우리 사회에는 얼마나 많은가. 성희롱·성폭력 희생자들에게 침묵을 강요하고, 배임행위를 일삼는 경영진의 잘못을 지적하는 부하직원에게 오히려 사직을 요구한다. 부정의를 저질러놓고도 조직에 누를 끼쳐서는 안 된다는 이른바 '조직 논리'로 개인의 희생을 강요하는 것이다.
이제는 멈춰야 한다. 정의롭지 않기 때문이다.

정의는 분배에 있어 공평해야 한다. 권리와 의무를 나눔에 있어 평등해야 한다. 나는 세금을 내는데, 어떤 이는 세금을 안 내고, 나는 병역의 의무를 다하는데, 다른 사람은 군에 가지 않는다면 공평하지 않다고 느끼게 된다. 세금을 안 내고, 군에 가지 않는 이가 너무 가난해서 수입이 없거나, 신체가 건강하지 않은 경우라면 예외적으로 이해할 수 있을 것이다. 그 밖의 다른 요소가 개입해서 의무가 달라진다면 승복하기 어려워지고, 공동체 구성원간의 이견과 대립이 생길 가능성이 높아진다.

누구도 부모를 선택할 수 없다. 태어나보니 아버지가 부자일 수도 있고, 가난할 수도 있다. 미모나 천재적인 두뇌를 갖추고 태어날 수도 있고 그 반대의 경우가 될 수도 있다. 북한에서 태어날지 대한민국에 태어날지도 선택할 수 없는 것이다. 모두 자연의 선택이다. 이런 천부적 운(natural lottery)에 삶을 맡길 수 없다는 것이 롤스의 주장이다. 그는 "천부적으로 타고나는 것은 단지 자연적인 사실(natural fact)일 뿐 정의 여부가 문제되는 것은 제도가 그러한 사실들을 처리하는 방식"이라고 지적하면서 귀족사회나 계급사회가 정의롭지 않은 이유는 한정되고 특권을 가진 계층에 속하게 되는 근거가 우연성 뿐이기 때문이라고 역설했다. 다시 말해, 이런 우연성을 교정해주지 않는 사회는 정의롭지 못한 사회라는 말이다.

객관적으로 나는 사회적, 자연적 운이 좋은 편에 속한다. 그렇지 못한 친구들도 있었다. 그런데 우리 사회의 정의가 그 차이를 보정해주었다. 교육의 기회를 통해, 부의 재분배를 통해 균등한 기회를 제공받을 수 있었기 때문이다. 지금은 정의로운 시대인가?

'흙수저·금수저'론이 우리 사회를 강타한 것은 정의에 대한 갈망 때문이다. 개인이 선택할 수 없는 우연으로 인생이 결정되는 현실 앞에 젊은이들은 '이생망', 이번 생은 망했다는 자조와 탄식을 쏟아낸다. '공정한 기회를 주는 시스템'을 만들어야 한다. 서로 다른 출발선에서 시작하도록 내버려둬서는 안 된다.

6

국방은 제2의 전공

육군 병장,
국방위원장이 되다

2012년 4월 치러진 총선, 나는 동구 을에서 세 번째 당선되었다. 19대 의원이 된 나는 그해 여름, 국회 국방위원장 경선에 나섰다. 국회 상임위원회의 위원장은 일반적으로 3선 의원이 맡는 것이 관례다. 나는 초선 때 정무위원회와 기획재정위에서 활동한 것을 빼고는 계속 국방위에 있었고, 국방위 여당 간사로도 활동했던지라 국방위원장 지원은 자연스러운 선택이었다.

국방위원장 경선에 나선 나는 "국방은 정말 중요한 분야다. 북한과 대치하고 있는 대한민국의 신체 건강한 젊은 남성이라면 모두 군대에 가야 하고 아들을 군에 보낸 부모님들은 항상 노심초사하고 계신다. 국민들이 걱정하지 않고 아들들을 맡길 수 있는 군이 될 수 있도록 국회가 최대한 역할을 하겠다. 육군 병장 출신도 철학과 열정, 상식이 있다

2016년 12월 31일 밤 강원도 고성 최전방의 소초에서 장병들과 함께.

면 국방위 상임위원장을 잘 수행해낼 수 있다. 육·해·공군의 의견과 주장을 경청하고 공정하게 일 처리를 하겠다"고 말했다.

개표 결과 126표 가운데 92표를 얻어 국방위원장에 당선됐다. 언론들은 '병장이 3성 장군을 이겼다' '병장이 별을 꺾었다'는 제목으로 국방위원장 경선 소식을 알렸다.

경제학자 출신인 내가 국방위원회에 가게 된 것은 지역구인 대구 동구 을의 상황과 관련이 있었다. 동구 을에는 K2 공군기지가 자리하고 있다. 밤낮 할 것 없이 전투기가 뜨고 내리는 소음 때문에 주민들의 고통이 이만저만이 아니었다. 이런 문제에 대해 겪어보지 않은 분들은 잘 이해하지 못한다. K2 이전 약속을 지키기 위해 나는 국방위를 자원했다. 산자위나 국토위, 기획재정위, 외통위는 희망하는 의원들이 많아 경쟁이 치열하지만 국방위는 비인기 상임위원회로 분류된다. 정원 미

달일 때도 있다. 다른 상임위원회에서 활동하면서 군 공항 이전 법안만 제출해도 되는 문제였지만 나는 이왕 할 거라면 국방위에 가서 제대로 들여다보는 것이 맞다고 생각했다. 군 공항을 이전하는 것이 객관적으로 옳다고 생각했지만 공군과 국방부의 입장과 논리를 충분히 들어보고 검토하고 토론해보고 싶기도 했다.

그렇게 시작된 국방위와의 인연은 나에게 중요한 전기가 되었다. 지역 주민들과의 약속을 위해 갔지만 막상 가보니 국방위에서 다루는 문제 하나하나가 너무나 중요했다.

북한 핵실험, 미사일 발사가 이어졌고, 연평도 포격 사건, 천안함 사태가 발생했다. 육·해·공군과 해병대의 방위력 증강과 국방예산의 문제, 해군의 이지스함, 공군의 F-X와 KF-X 사업, 주한미군 방위비 분담금, 상부지휘구조 등 국방개혁의 문제뿐 아니라 장병들의 인권, 군 내부의 부패, 성폭력, 성희롱, 병역비리, 군의료 등 수많은 중요한 문제들을 접하게 되었다.

국방위에 가서 나는 완전히 새로운 세상을 경험했다. 국방위에서 보낸 8년의 시간은 나에게는 정말 소중한 배움의 시간이었다. 세계에서 가장 첨예하게 남북이 대치한 우리나라에서 국방이 얼마나 중요한지를 알게 되었고, 병사들의 애환과 국방개혁의 중요성에 대해 깊이 배울 수 있었다.

병장 출신이라도 8년을 꼬박 국방위에서 일했으니 어지간한 장군 보다는 낫다고 자부한다.

군 의문사,
부모의 아픔

　군 의문사, 군대 내 구타, 가혹행위, 성추행……. 군대에 아들을 보낸, 또 보내야 하는 부모들은 이런 뉴스가 나올 때마다 가슴이 덜컥 내려앉는다. 혹시나 내 아들이 있는 부대는 아니겠지, 우리 아이는 고참병에게 괴롭힘을 당하지는 않겠지, 별별 생각과 걱정이 들게 된다.

　징병제 국가에서 군에 입대한 장병들의 생명과 인권을 지키는 것은 국가의 몫이다.
　생떼 같은 내 아들이 국방의 의무를 다하기 위해 군에 갔는데 어느 날 사망했다는 통보를 받게 된 가족의 슬픔은 말로 표현할 수가 없다. 전투나 훈련을 받던 중 발생한 일이었다 해도 마음을 다스리기가 쉽지 않다.

그런데 사인이 석연찮고 그 과정에서 구타 등 가혹행위가 있었거나 고참병사로부터 성추행을 당해 견디다 못해 스스로 목숨을 끊었다면 부모의 억장이 무너진다. 그 날로부터 모든 가족들의 삶은 비극이 된다. 아들이 당했을 고통을 전혀 몰랐다는 자책에, 죽음을 막지 못했다는 사실에 분노할 수밖에 없다. 그러나 일부 군 헌병대나 지휘관들은 가혹행위가 있었다는 사실을 은폐하려 들거나 시인하지 않으려 한다. 군 의문사가 되는 것이다.

　이명박 정부가 들어서고 난 뒤 전임 정부의 흔적 지우기의 일환으로 '위원회' 폐지가 진행됐다. 노무현 정부는 '위원회 정부'라고 불릴 만큼 위원회가 많았는데, 동북아시대위원회, 동북아 경제중심 추진위원회, 국가균형발전위원회, 진실·화해를 위한 과거사정리위원회 등 수십 개나 된다. 2006년 만들어진 군 의문사 진상규명위원회도 그 중 하나다.

　2008년 국방위원회에 와 보니 그 해 말 종료되는 군 의문사 진상규명위원회의 연장 여부가 쟁점이었다. 나는 여당 간사에다 법안심사소위 위원을 맡게 돼 그 문제를 직접 챙기게 됐다. 우선 군의문사 진상규명위원회의 활동 현황부터 파악해봤다. 의문사 600건 중에 390건 정도가 해결됐고, 아직 해결되지 않은 사건이 210건이나 남아 있었다. 이렇게 군 의문사 진상규명위원회의 활동이 종료된다면 언제 해결될지 기약할 수 없는 일이었다.

　정부는 군 의문사 위원회가 하던 일을 다른 위원회나 국방부로 넘기면 된다는 주장이었는데, 새로 업무를 파악하는 데 걸리는 시간 등을 감안한다면 최소한 지금 조사 중인 사건들만이라도 마무리 지을 수 있는 시간을 줘야 한다고 생각했다.

국회 국방위원회에서는 법안심사 소위와 전체회의에서 치열한 논리 싸움이 이어졌다. 여당 간사였던 나는 야당과의 이견을 조율하는 한편 국방부를 계속 설득했다. "보수정권과 진보정권이 뭐가 다른가, 안보문제에 있어서는 보수정권이 더 잘해야 하는 것 아닌가, 아들을 군에 보내준 부모님들 마음을 헤아려 의혹 없이 해야 하는 것 아닌가."

2년 연장하자는 방안이 합리적이라고 생각했지만 이견이 좁혀지지 않자 나는 1년 만 더 연장하자는 중재안을 냈다. 1년 만이라도 더 존속시켜서 처리되지 못한 사건을 최대한 처리하고, 그래도 남는 미제 사건이 있다면 국방부로 넘기겠다고 약속했다. 타협점을 찾은 끝에 군 의문사 위원회는 1년 더 활동할 수 있게 됐다. 210건의 미제 사건 중 162건을 더 처리하고 2009년 말 군 의문사 위원회의 활동이 종료됐다.

군 의문사 진상규명위원회가 없어지자 군에서 일어난 아들의 죽음을 받아들일 수 없는 부모들 입장에서는 하소연할 곳이 사라져버렸다. 그분들의 발걸음은 국회로 향했다.

2010년 어느 날 의원회관 사무실로 군 의문사 유가족들이 찾아오셨다. 군 의문사 위원회가 사라진 뒤 천주교 인권위원회나 국민권익위원회의 문을 두드리기도 했지만, 진전이 없자 답답한 마음에 오신 것이었다. 아들의 자살을 인정할 수 없기에 시신을 군병원에 두고 찾아가지 않은 분들도 계셨다.

군 의문사 유가족들의 소원은 무엇보다도 진상규명이다. 자살할 이유가 없는 내 아들이 군에 가서 자살했다는데 왜 자살했는지, 정말 자살이 맞는지 밝혀달라는 것이다. 그것마저도 안 된다면 군에 가기 전에는 멀쩡하던 아들이 군대에 가서 자살했으니 일반 사망이 아니라 순직 처리를 해달라고 부탁하셨다. 전투 중 사망은 아니지만 군 복무를 하지 않았다면 일어나지 않았을 일이니 아들을 군으로 불렀던 국가가 순직으로 예우해달라는 말씀이었다.

2010년 국정감사에서 이 문제의 해결을 집중적으로 요청했다.

군은 자살이라고 하고 군 의문사 진상조사위원회에서는 순직이라고 하고, 그렇게 의견 차이가 있는 이 부분에 대해서……. 자기 자식의 시신을 국군수도병원, 김천의료원 등 군 병원의 냉동실에 두고 12년째, 10년째, 8년째 안 찾아간 부모들이 계십니다. 이 부분에 대해서 저는 우리 군에서 뭔가 노력을 하셔야 한다고 생각합니다. 이념을 떠나 가지고 이 부분은 반드시 우리 국방부와 군이 이 분들의 맺혀진 한을 풀어드리고 시신을 찾아가도록 하는 그런 노력이 필요하다고 생각합니다. 이 점에 대해서는 장관께서 조사를 한번 하시는 등 특단의 노력이 필요합니다.

국방부에 촉구한 것은 두 가지였다.
먼저, 수사를 다시 하라. 군 의문사 위원회에서 못 다룬 사건들을 국방부조사본부 사망사고 민원조사단에서 승계받았는데, 철저한 재수사를 통해 의혹이 없도록 하라는 것이었다.

두 번째, 유가족과 소통하라. 조사과정에서 생긴 오해, 신뢰 부족 때문에 유가족들의 상처가 더 깊어졌다는 것을 군이 인식하지 못하고 있다는 점을 지적했다. 아들이 죽었는데 땅에 묻어주지 못하는 가족들의 마음은 정말 지옥이다. 진실이 밝혀지기 전까지는 시신을 찾아갈 수 없다며 시신을 차디찬 냉동실에 두는 가족들의 아픔을 헤아려줘야 한다는 뜻이었다.

국방부는 완고했다. 조직의 논리를 대기도 하고, 순직 처리를 하면 자살을 미화하게 된다는 이유를 대기도 했다. 이명박 정부에서 박근혜 정부로 바뀐 뒤에도 이런 군의 태도는 마찬가지였다. 계속 국방위를 지키고 있던 나는 2012년 국방위원장이 된 후 더 강력하게 군 의문사 해결에 나설 것을 국방부에 촉구했다.

18대 국회부터 몇 번 지적을 했는데 전국에 소재한 각 병원 냉동고에 아직도 찾아가지 않는 23구의 시신이 있습니다. 이 문제에 대해서 장관님께서 군에 대한 국민의 신뢰 차원에서 저는 할 수 있는 최선은 다 해야 한다고 생각합니다.

제가 이런 지적을 하면 18대 국회 역대 장관님들은 군대에 와 가지고 사망한 사고들이 자살이냐 하시는데, 여러 가지를 떠나서 유족들이 그 사인에 대해서 동의하지 않고 사인이 정확하게 규명되지 않는 이런 부분들은 전부 다 의문사 처리가 됩니다. 아시는 대로 군 의문사 위원회는 미결 사건을 남기고 활동이 종료되어버렸습니다. 국방부에서 그것을 다 인수받으셨으니 군의 신뢰 차원에서 새로운 접근을 한번 해보실 생각 없으십니까?

……

제가 국방부 장관님한테 '군 의문사는 보수·진보를 떠나서, 당을 떠나서 한번 우리 군이 정리하고 갈 필요가 있다' 이렇게 말씀을 드렸습니다. 국방부나 육군에서 TF가 필요하고, 우리 국방위원회에도 저는 소위원회가 필요하다는 생각을 갖고 있습니다. 이 문제에 대해서 당시 지휘계통에 계셨던 분들이 있고 조사 책임을 맡았던 분들이 있기 때문에 지금 시점에 밝히는 것이 쉽지는 않을 것입니다마는 전국의 군 병원 냉동고에 시신이 아직 그대로 있고, 또 많은 죽음에 대해서 가족들이 문제제기를 하고 있기 때문에 우리 군이 최대한 성의를 보여야 된다고 생각합니다. 이 문제에 대해서 좀 전향적인 자세를 가지고 임해주실 것을 당부 드립니다. 육군참모총장님, 그렇게 해주시겠습니까?

결국 국방부는 2014년 9월 '전공사상자 처리 훈령'을 다시 개정했다. 복무 중 자살한 장병을 순직 처리하는 데 있어 입증 요건을 완화한 것이다. 장기 미인수 시신처리 업무를 전담하는 '국방영현관리 TF'도 만들었다. 군 의문사 유가족들과의 대화에도 나선 것이다. 그 후 가족의 품으로 돌아간 장기 미인수 영현은 122위(시신 13구, 유골 109위)에 달한다. 순직처리가 된 장병들은 국립묘지에 안장됐다.

그러나 아직도 시신 10구와 유골 59위 등 영현 69위는 군 병원의 시신 냉동고에 보관되어 있다.

김훈 중위, 19년 전
멈춘 가족들의 시계

군 의문사는 장군의 아들도 예외가 아니었다. 1998년 2월 판문점 공동경비구역(JSA) 내 GP에서 김훈 중위가 머리에 총상을 입고 숨진 채 발견됐다. 육군사관학교를 졸업하고 임관한 김훈 중위는 3성 중장 출신인 김척 예비역 장군의 아들이다. 군은 김훈 중위의 사망 원인이 자살이라고 통보했다. 그러나 아버지는 믿을 수가 없었다. 아버지를 따라 군인의 길을 가겠다고 나섰고 군인인 것을 누구보다도 자랑스러워한 아들이 스스로 목숨을 끊을 이유가 없었기 때문이다. 아버지는 각계에 탄원했고, 재조사를 요구했다.

미국 육군성 범죄수사연구소는 김훈 중위의 사고 현장에서 발견된 권총과 실탄, 탄피와 옷가지를 감식한 뒤 자살로 단정해서는 안 된다는 감정서를 보내왔다고 한다. 김훈 중위의 옷을 재감정한 국립과학수사

연구소에서도 김훈 중위가 입었던 '야전 상의 좌우측 어깨 부위에서 무연 화약성분은 검출되나 팔 부위에서는 검출되지 않고, 좌우 손바닥 및 손등에서는 화약성분 검출 여부를 알 수 없으므로 제시된 증거물의 시험 결과만으로는 발사자가 변사자 자신인지에 대해서 논단할 수 없다고 결론 내렸다. 두 전문기관이 모두 '변사자가 스스로 쏘지 않았다' 혹은 '스스로 쏘았는지 여부를 판단하기에는 판단할 근거가 부족하다'는 결론을 내린 것이다.

  국가권익위원회는 2012년 타살 가능성을 인정하며 김훈 중위에 대해 '순직'을 인정할 것을 국방부에 권고했다. '징병제 국가에서 의문사의 최종 책임은 국가에 있다'고도 지적했다. 그러나 국방부는 오늘까지도 이 권고를 받아들이지 않고 있다.
  오히려 국방부는 김훈 중위 유족 주변 인물들을 통해 유족이 자살을 인정한다면 순직 처리를 해 줄 수 있다고 회유를 했다고 한다.

천주교인권위원회에서 열린 김훈 중위 추모 미사.

2017년 2월 김훈 중위 19주기 추모미사가 천주교인권위원회에서 열렸다.

고인의 부친인 김척 장군님과 동생 가족, 고인의 육사 동기들, 아버님의 육사 동기들과 월남전 참전 전우들 등 많은 분들이 참석하셨다. 20주기가 되기 전에 국방부와 군이 김훈 중위의 순직을 인정할 수 있기를 함께 기도했다.

오늘은 고 김훈 중위 19주기 미사에 다녀왔습니다. 미사 전 김 중위의 아버님 김척 장군님을 뵈었습니다. 19년 전 오늘 판문점 JSA에서 의문의 총상으로 사망한 아들의 유해를 아직도 땅에 묻지 못하고 가슴에 안고 사는 아버지는 정의로운 군대를 몇 번이고 강조하셨습니다… "우리의 목숨과 명예를 국가가 대우하지 않으면 우리는 무엇을 위해 총을 들 것인가?" 이는 고 김훈 중위의 육사 동기들의 말이라고 합니다. 군에 간 아들의 갑작스러운 죽음의 이유를 도저히 믿을 수 없어서 아들의 시신이나 유해를 군병원에 그대로 두고 매일 슬픔과 분노로 살아가는 군 의문사 유가족들이 많습니다. 이 분들의 아픔을 치유해드려야 군이 국민의 신뢰를 받는 진정한 강군으로 거듭날 수 있습니다. 이 분들에게, 그리고 고인이 되신 용사들에게 과연 국가란 무엇인가를 생각하게 하는 하루였습니다. 군 의문사 장병들의 명복을 빌고 유가족들의 아픔에 깊은 위로의 말씀을 드립니다.

(2017. 2. 24 페이스북 글)

보통 정부 입장에 더 가까이 서기 쉬운 여당의원들은 군 의문사 문제에 적극 개입하려고 하지 않는다. 아마 여당의원으로서는 내가 거의 유일하게 군 의문사에 지속적인 관심을 보여왔을 것이다.

　권리에는 의무가 따르고 의무에는 권리가 따른다. 국방의 의무가 부과되는 징병제 국가에서 장병을 무사히 가족들의 품으로 돌려보내야 하는 의무는 국가에 있다. 또 국방의 의무를 성실히 이행하기 위해 입대한 장병과 그 가족에게는 국가에 책임을 물을 권리가 있다. 모병제인 미국 군도 오래전부터 자살에 대한 군의 책임을 강조해왔는데, 징병제를 시행하고 있는 우리 군은 그 책임을 더욱 무겁게 느껴야 마땅하다.
　"누구나 다 하는 병역인데 왜 당신 아들만 자살한 것이냐, 왜 그렇게 약해 빠졌냐"는 말들로 유가족들의 가슴에 못을 박고, 심지어 의문사 장병의 어머니를 성희롱하는 군 헌병대 수사관까지 있다는 뉴스에 나는 아연실색하지 않을 수 없다. 도저히 할 수 없는 말이고, 있을 수 없는 행태다.

　군대에 가지도 않은 사람들이 더 큰 소리로 국가안보를 외치고, 더 당당하게 돌아다니는, 치킨호크(chicken hawk, 전쟁이나 군사활동에는 찬성하면서 전장에 나간 적도, 군대에 간 적도 없는 정치가를 빗댄 말)들이 판치는 나라는 정상이 아니다. 대한민국의 군에 아들을 보내는 이들은 누구란 말인가. 의무는 평등해야 한다. 권리도 평등해야 한다.

　여야를 떠나, 보수와 진보를 떠나 군 의문사 문제에 있어서는 한 목소리를 내야 한다고 나는 믿는다. 국가가 나서지 않는다면 국회가 더더욱 적극적으로 군 의문사 문제를 풀기 위해 개입해야 한다. 국민의 대리인으로서, 국민의 세금을 받고 일하는 국회의원이 국민의 억울함을 풀어주기 위해 노력하는 것은 마땅한 의무이기 때문이다.

이런 노력이 계속되지 않는다면 군 의문사 문제는 결코 해결되지 않을 것이고, 앞으로 있을지도 모르는 군 의문사를 막을 수도 없을 것이다.

우리 국민들이 마음 놓고 아들을 군에 보낼 수 있기를, 의문사 장병들이 영면에 들 수 있기를, 의문사 없는 세상을 만들 수 있기를 소원한다.

천안함 폭침, 46용사

2010년 3월 26일 밤 9시 22분, 백령도 인근 해상에서 경계 임무를 수행하고 있던 우리 해군 초계함이 갑자기 침몰했다. 제1연평해전에도 참전했던 '천안함'이었다.

승선하고 있던 장병 104명 중 58명은 해경에 의해 구조됐지만 46명은 실종됐다. 국가안보에 비상사태가 발생했다.

다음날 국회는 곧바로 국방위원회를 소집했다. 온 국민이, 실종자 가족들이 충격에 휩싸인 그 상황에 대해 정부의 책임 있는 설명이 필요했다. 국방부 장관은 나오지 않았다. 의아했다. 대리 출석한 차관에게 나는 이렇게 따져 물었다. "'배가 내부 폭발로 침몰됐을 가능성이 없다, 암초에 걸렸을 가능성은 절대 없다'는 생존자들의 증언을 들어보면 북한의 잠수정이나 반잠수정이 와서 어뢰로 공격했을 가능성이 높아지는 것 아닌가?" 그러나 해군과 국방부는 "그런 상황은 없을 것이다. 북한은 특이동향이 없다"며 북한의 소행임을 단정할 수 없다는 태도를 보였다. 그러면서 제대로 된 상황 설명도 내놓지 못했다. 그 와중에 일부 언론에서는 선체 피로설, 기뢰설 등이 제기되었다.

천안함 함미와 함수는 이틀 뒤인 3월 28일 발견됐다. 군이 먼저 발견한 것이 아니라 민간 어선이 고기 떼 탐지하는 기계로 발견해 연락해준 덕분이었다. 3월 30일에는 수색과정에서 실종자를 찾으려 헌신하던 해군 특수전 여단(UDT) 소속 한주호 준위가 순직했다. 4월 2일에는 실종자 수색작업을 돕던 저인망 어선 금양 98호가 조업구역으로 복귀하다 캄보디아 화물선에 부딪혀 침몰해 탑승 선원 전원이 숨지는 추가 사고까지 발생했다.

4월 29일, 평택 2함대사령부와 국립대전현충원에서 천안함 희생 장병 46명의 영결식이 거행되었다. 끝내 시신을 찾지 못한 6명은 유품을 태워 안장했다.

정부는 5월 15일 쌍끌이 저인망 어선에 알루미늄 조각, 가스터빈, 어뢰 추진동력 장치가 걸려나온 뒤에야 북한의 어뢰공격에 의한 소행이라고 밝혔다. 너무 늦은 발표였다. 심증만으로 예단할 수 없다는 정부의 논리를 받아들인다 해도, 이미 사건 초기부터 북한의 소행일 가능성을 배제할 수도 없는, 아니 가능성이 굉장히 높은 상황이었다. 그런 상태에서 50일 넘게 정부가 보인 오락가락하는 태도는 이해하기 어려웠다.

폭침이 일어난 직후 정부는 "'북한의 소행이 밝혀진다면' 좌시하지 않을 것이다"라는 메시지부터 대내외적으로 발표했어야 한다고 나는 생각한다. 정부는 국가안보에서 필요한 단호한 모습을 보이지 못했고, 그러는 동안 우리 사회 내부에서는 '북한의 공격이 아니다,' '미군의 오폭이다,' '암초에 걸린 것이다'라는 유언비어까지 퍼져나갔다. 정부의 발표를 국민들이 믿지 못하는 상황이 된 것이었다.

국가안보에 있어서 단호한 태도를 견지해야 할 보수 정권이 왜 사건 초기부터 그랬을까? 지금까지도 이해가 가지 않는다.

2017년 3월 24일, 대전현충원에서 열린 서해수호의 날 기념식에 다녀왔다. 3월 26일의 천안함 폭침, 6월 29일의 제2연평해전, 11월 23일의 연평도 포격 도발, 이 세 사건을 합쳐서 서해수호의 날 단 하루로 합친 것부터 영 마뜩치 않았다. 기념식을 마치고 대전현충원 근처 식당에서 전역한 천안함 생존 장병 세 명과 대화를 나눴다. 생존 장병들도 많이 힘들어 한다는 애기에 가슴이 아팠다. 우리 사회 일각에 아직도 남아 있는 잘못된 인식이나 무관심도 이 분들을 괴롭히고 있었다. "세월호가 인양되는 모습을 보면서 너무 힘들었다." 천안함이 가라앉던 날 함수에서 살아남은 수병의 말이다.

연평도 포격 도발

천안함 폭침 이후 8개월도 안 돼 북한이 다시 도발을 해왔다. 이번엔 연평도였다. 2010년 11월 23일, 오후 2시 반쯤 북한의 포탄이 연평도에 있는 우리 포대를 향해 날아왔다. 모두 170발이었다. 연평도 섬 전체가 시커먼 연기에 뒤덮여 아수라장이 되었다. 사방에서 날아든 포탄에 민가까지 화염에 휩싸이자 주민들은 겁에 질려 방공호로 피신했다.

우리 군은 포격을 당한 직후 해병대 소속 K-9 자주포를 이용해 응사했지만 해병대 소속 서정우 하사와 문광욱 일병(이상 추서계급)이 전사했고, 민간인 2명이 숨졌다. 한국전쟁 휴전 협정 이후 북한이 대한민국의 영토를 직접 타격해 민간인이 사망한 최초의 사건이었다. 공군 전투기는 서해 5도로 출격했지만 되돌아왔다.

어떻게 북한이 이렇게 또 도발을 해온단 말인가? 도대체 대한민국을 어떻게 보기에 우리 영토를 향해 해안포와 방사포를 발사했단 말인가? 긴급 국방위원회가 소집됐다. 그 자리에서 나는 이렇게 물었다.

"우리 교전수칙에 북한이 사격을 하면 우리가 2배 내지 3배로 사격을 한다고 되어 있는데, 북한이 170발 쐈는데도 우리는 80발을 쐈습니다. 1/2도 사격 안 했습니다. 그리고 F-15K하고 F-16이 무장을 해 가지고 출격을 했는데 적의 해안포나 야포 진지에 대해서 타격을 안 했습니다. 왜 그랬습니까? 국군 통수권자인 대통령의 최초 지시가 뭐였습니까?"

내 질문에 국방부 장관은 묵묵부답이었다. 다시 물었다.

"이 모든 상황이 종료되고 나서 첫 번째 청와대 발표가 '확전되지 않도록 잘 관리하라'라고 나왔습니다. 그러고는 '정정하겠다. 잘 관리하라가 아니고 만전을 기하라' 그러고 나서 '단호히 대응하되 악화되지 않도록 만전을 기하라.'라고 했습니다. 이건 전부 다 싸우지 말라는 이야기죠. 우리 전투기까지 무장해서 떠 있었는데도 불구하고 전혀 저쪽을 못 때렸습니다. 그래 놓고 상황 다 끝나고 나니까 '몇 배로 응징하라'라니, 상황 다 끝나고 나서 이런 소리하면 뭐합니까?"

장관은 중언부언하면서 해명했다.

"우리로서는 어떻게 보면 가장 적합한 조치가 그거라고 생각을 합니다."

이런 식이라면 다음에 북한이 또 도발하면 똑같이 당할 수밖에 없다. 천안함 폭침 이후 두 달이 지나서 5·24 조치를 발표하면서 "북한이 추가 도발을 하면 자위권을 발동해 무자비하게 응징하겠다"던 대통령의 말은 식언이 되어버린 것이었다. 대한민국은 북한의 공격을 받아도 확전이 되는 것을 두려워해 적절한 대응을 못한다고 북한이 생각한다면 언제든 유사한 공격을 해볼 것이다. 우리 군의 전투의지에 대한 북한의 오판을 깨기 위해서라도 연평도 포격 때는 단호한 모습을 보였어야 하는데 결국 그러지 못했다.

제2롯데월드와
공군 성남기지

　잠실에다 초고층 빌딩을 짓겠다는 계획, 제2롯데월드 건설은 롯데그룹의 숙원 사업이었다. 1990년대 김영삼 정부 시절부터 추진해왔지만 번번이 군의 반대에 부딪혔다. 공군 전투기의 성남공항 이착륙 안전 문제로 절대 불가하다는 것이 공군의 확고한 입장이었기 때문이다.

　성남공항, 서울공항, 성남서울공항 등 여러 이름으로 불리는 성남에 위치한 공항의 기본적인 역할은 '공군 성남기지'다. 일반적으로 대통령 전용기와 해외 국빈들이 사용하는 특수 목적 국빈용 공항으로 알려져 있지만 사실은 수도권 방어에 있어 핵심적인 역할을 하는 전략 기지다.

　성남 기지에는 대한민국 유일의 전략정찰수단인 백두정찰기, 금강정찰기를 관리하는 공군 제15특수임무비행단, 북한군 침투를 저지하는

KA-1 경공격기 대대, 미 육군2사단 2항공여단 2대대, 탄약, 의약품, 장비와 부품 등을 전방으로 추진하고 중상자들을 후송할 수송기 전력이 배치되어 있었다. 유사시에는 후방의 대구, 예천, 광주의 전투기가 이착륙하고 한반도 밖에서 들어오는 증원 전력들이 전개하도록 되어 있다. 성남기지는 국가안보와 국민의 생명을 지키기 위해 그곳이 수행하는 역할을 일일이 다 나열할 수 없을 정도로 중요한 작전 기지다.

공군 전투기는 기본적으로 조종사가 직접 눈으로 보는 시계 비행이 가능해야 한다. 만일의 경우 계기비행을 할 수 없는 상황이 발생하기 때문이다. 그런데 성남기지로부터 불과 6km 떨어진 잠실에다 555m짜리 초고층 빌딩이 들어설 경우 유사시 전투기들이 롯데월드를 피해서 날아다녀야 한다. 그런 일이 일어나지 않기를 바라지만, 만일의 경우 충돌 가능성을 배제할 수 없다는 말이 된다. 공군이 십수 년간 절대 불가 입장을 고수해온 이유였다. '203m 이하로 짓는다면 롯데월드 신축을 허용하겠다'는 것이 2007년 행정협의조정위원회에서 결정된 입장이었다.

그런데 2008년 새 정부가 들어서고 나서 제2롯데월드 건설에 대한 국방부의 입장이 바뀌었다는 애기가 흘러나왔다. 2008년 4월 28일 이명박 대통령 주재로 열린 '투자활성화 및 일자리 창출을 위한 민관합동회의'에서 오간 대화다.

국방부 장관: 높이 555m에 이르는 제2롯데월드 건물이 완성되면 외국 국빈을 태운 대형 항공기가 서울공항을 이용할 때 위험할 수 있습

니다.

대통령: 1년에 한두 번 오는 외국 국빈 때문에 건설에 반대하는 것은 적절치 못합니다. 외국 국빈들이 김포공항이나 인천공항을 이용하면 되는 것 아닙니까?

국방부 장관: ……

대통령: 긍정적인 방향으로 검토해보세요.

국방부 장관: 국방부에서 다각적으로 검토해보겠습니다.

대통령: 그런 식이니까 14년 동안 결정이 안 난 것 아닙니까. 날짜를 정해놓고 그때까지 해결할 수 있도록 검토하세요.

그해 9월 제2롯데월드 건설에 반대해온 공군참모총장이 갑자기 교체 됐다. 임기가 7개월여 남아 있는 상태였다. 곧이어 롯데월드 신축 허용 방침이 사실상 정해졌다는 발표가 나왔는데, 그것도 국방부가 아니라 기획재정부를 통해서였다. 기획재정부 정책조정국장이 투자활성화 차원에서 관계기관과 적극 검토 중이라고 밝힌 것이었다. 공군참모총장의 갑작스러운 경질, 롯데월드 신축 허용…… 오비이락(烏飛梨落)인가?

당혹스러웠다. 안보를 책임지고 있는 국방부가 제2롯데월드 건립과 관련해 전혀 입장을 낸 바 없는 상태에서 기획재정부가 발표한다는 것은 무슨 의미인가? 경제논리가 안보보다 우선한다는 것을 노골적으로 공표하는 것인가? 2008년 9월 22일 국방부 장관에게 묻지 않을 수 없었다.

"이 문제는 10년 동안 공군이 반대해서 안 된 문제입니다. 성남 비행장의 활주로를 틀거나 옮기거나 하면 엄청난 국민세금이 수반되는 일입니다. 특정 기업의 건물 하나 짓기 위해서, 어떻게 다른 부처의 국장이 이렇게 발표를 할 수 있는 것인지 국방부 장관께서 해명을 해주십시오."

국방부 장관은 애매한 답변으로 빠져나가려고 했다. 롯데월드 건설은 "결론을 가지고 얘기한 것은 아니고 현재로서는 확정된 것이 없다"는 답변이었다. 공군참모총장의 경질에 대해서는 "인사순환으로 볼 때 현 시점 교체가 적절하다고 판단해 인사 조치를 했다"고 답변했다.

그렇게 넘어갈 문제가 아니었다. 곧 국방위원회가 다시 열렸다. 그 사이 롯데월드 신축 허용은 기정사실로 되어가고 있었다. 왜 국방부와 공군의 입장이 바뀌었는가? 나는 묻지 않을 수 없었다.

유승민 위원: 활주로 각도 3도만 틀면 되는 이렇게 쉬운 안이 있는데, 그렇게 하면 롯데가 555m짜리 건물도 짓고 경제도 살린다는 얘긴데, 그러면 15년 동안 공군에서 완전히 엉터리 근거를 가지고 반대해왔다, 이 소리밖에 더 되겠습니까?

공군참모총장: 지금 현재 상태에서도 203m 이상 지을 수가 없습니다. 활주로를 3도를 틀고 항행 안전시설을 보강하고 거기다 안전에 관한 장비까지 보강했을 때 그런 조건을 충족하면, 그 정도면…….

유승민 위원: 그러니까 활주로 각도를 3도 트는 것만으로는 절대 안전하지 않다, 이 말씀이지요?

공군참모총장: 그렇습니다.

유승민 위원: 그러니까 활주로 3도 틀어 가지고는 안보, 안전, 작전 보장할 수 없다, 이 말씀 아닙니까? 그렇지요?

공군참모총장: 네.

유승민 위원: 공군참모총장의 후배 조종사들은 지금 전부 여기에 찬성하십니까? 후배들 앞에 떳떳하게 한번 이야기해 보세요. 555m짜리 빌딩이 들어서도 후배 조종사들이 '전시든 비상시든 평시든 전투기 몰고 쌩쌩 달리는 데 아무 문제가 없겠다, 뜨고 내리는 데 문제가 없겠다' 이렇게 생각합니까?

공군참모총장: 전 조종사까지는 제가 확인을 못했습니다. 그러나 성남 기지에서 운용되는 조종사들에게는 의견을 물어봤습니다. 큰 어려움이나 문제점이 제기되지는 않았습니다.

유승민 위원: 계기비행할 때 사고가 날 수 있다라는 건 인정하십니까?

공군참모총장: 계기비행할 때 사고가 날 수 있습니다.

2009년 1월 12일에 열린 국방위원회 질의에서 나는 그 문제를 다시 거론했다.

유승민 위원: 오늘 보고도 안전장비를 보강하기 위해 지상공항 시설도 보강을 해야 되고 비행기에도, 항공기에도 안전장치를 보강해야 되고, 심지어 새로 짓는 제2롯데월드에도 안전장치를 보강해야 된다는 거예요. 앞으로 첨단 충돌방지 장치가 부착이 안 된 비행기는 거기에 어떻게 뜨고 내립니까? 전시에는 긴급 발진, 스크램블(scramble)을 해야 합니다. 10초 간격으로 요격 전투기가 무더기로 날아가고 이륙하자마자 바로 항로를 벗어나야 됩니다. 적이 만약 공항을 포격하면 그 공항에 있는 비행기들을 전부 다 띄우는 대량 발진도 해야 하는 것 아닙니까? 그런데 거기에 555m짜리 건물이 서 있으면 조종사들이 그걸 피해서

무슨 요술 부리듯이 갈 수 있습니까?

공군참모총장: 근본적으로 조종사는 눈으로 보고 비행하는 시계비행

상태…….

유승민 위원: 눈으로 안 보이면 어떻게 해요? 악천후와 구름 때문에 안

보이면?

공군참모총장: 악천후에는 계기접근 절차에 따라서 합니다.

앞서 질문에서 계기비행을 하면 사고가 발생할 수 있다고 대답했던 공군참모총장이 내놓은 답변이었다.

그러는 사이 성남기지에 주둔하고 있는 KA-1대대가 원주기지로 이전한다는 보도가 나왔다. 경공격기인 KA-1은 폭탄과 로켓을 매달고 저공 비행하면서 지상 목표물을 공격한다. 성남기지의 KA-1대대는 평시에는 북한 특수부대의 침입을 막고 전시에는 북한 지상군 침투를 저지하는 역할을 맡고 있는데, 조종사가 직접 눈으로 보면서 운항하는 시계비행만 가능하다. 그런데 555m빌딩이 들어서면 계기비행을 할 수 없는 KA-1의 경우 충돌 가능성을 배제할 수 없게 되기 때문에 이전한다는 것이었다. KA-1부대가 강원도에 있는 기지로 이전하게 되면 긴박한 전시에 서해안이나 서부전선까지 날아오는 데 1시간 넘게 걸려 전략상, 전술상 차질을 빚을 수밖에 없다.

결국 KA-1 대대는 제2롯데월드가 착공된 이후인 2012년 12월 말 성남에서 원주로 전원 이동 배치되었다.

국회 국방위원회는 공청회를 열기로 했다. 국가안보가 기업논리에 밀리는 것을 국회마저 보고 있을 수만은 없다는 절박감이었다. 그런데 공청회 전날, 그동안 제2롯데월드 건립을 공개적으로 반대하는 의견을 피력해 진술인으로 참석하기로 했던 전직 장성들이 불참을 통보해왔다. "현역 공군 후배들이 워낙 완강하게 압력을 넣는다"는 이유였다. 어떻게 군이 국회가 공식적으로 개최하는 공청회 참여 자체를 방해하는 작업까지 하는가? 나는 공개적으로 비판했다.

"공군에서, 국방부에서 그런 압력을 행사해서 진술인들이 나올 형편이 안 된다, 이렇게 입장이 바뀌는 것은 있을 수 없는 일이라고 생각합니다. 진술인 선정이 적절하냐 부적절하냐는 국회 국방위원들이 판단하는 겁니다. 그런데 어떻게 공군에서 이렇게 할 수가 있습니까?"

동료 의원들도 분개했다. 2009년 2월 3일에 열린 제2롯데월드 공청회에서 이진삼 의원은 "과연 이러한 사람들이 지난날 국가를 위해 영공을 지켰던 사람인가, 부끄러운 일이 아닐 수 없습니다. 하늘에 살면서 하늘에 목숨을 바친다했던 빨간 마후라들, 오늘날 공군에서 이러한 선배 예비역 장군이 과연 후배들에게 할 말이 있겠습니까?" 이렇게 물었다.

이미 입장을 굳힌 공군과 국방부는 요지부동, 마이동풍이었다. 공청회에 출석한 성남기지 주둔 15혼성비행단장(현 15특수임무비행단)은 "조종사들의 일반적 의견은 제2롯데월드 건설로 인해 문제점이 없다는 것"이라고 진술했다. 2007년에는 군 조종사의 75%, 군 관제사의 85%가 "제2롯데월드 건물과 충돌할 위험이 있다"고 응답했는데 불과 2년 만에 의견이 완전히 바뀌었다는 얘기였다.

롯데도 당당했다. 잠실 말고는 초고층 빌딩이 들어갈 만한 곳이 상암과 용산 밖에 없고 상암은 사업성이 없어 거의 포기했기 때문에 잠실에 들어서야 한다고 말했다. 말 그대로 롯데월드, '롯데 세상'이었다.

2009년 4월 나는 움직이지 않는 정부를 향해 마지막으로 물었다.

"장관, 롯데월드를 555m를 지어도 좋다고 허가해준 이 의사결정의 라인에 있는 모든 분들이 나중에 책임을 져야 한다고 생각합니다. 만약의 경우 그것은 정말 대재앙인데, 그 경우에 국방부 장관은 허가해준 분으로서 당연히 책임이 있는 것 아니겠습니까?"

그리고 이렇게 덧붙였다.

"저는 기록에 남기기 위해서 만약 충돌사고가 발생하면 이 허가를 내주게 된 전 과정이 다시 재조사되어야 된다고 생각하고 재조사 과정에서는 분명히 허가 라인에 있던 분들이 책임을 져야 되고 장관께서도 거기에 동의하신 것으로 알겠습니다."

그것이 제2롯데월드 건립을 막기 위해 내가 할 수 있었던 마지막 경고였다. 돈이 국가안보에 우선하는, 경제논리가 국방논리를 이기는 정부를 향해……. 이 모든 과정은 기록에라도 남겨두어야 한다고 생각했다.

그 후 벌써 8년의 세월이 흘렀다. 내가 사는 아파트에서는 부엌 창문으로 제2롯데월드가 보인다. 그 높은 건물을 볼 때마다 눈은 건물을 향하고 있지만 내 마음은 성남 공군비행장을 걱정한다.

목함지뢰 도발 사건

2015년 8월 4일 아침, 경기도 파주 인근 비무장지대 DMZ 철책에서 지뢰가 폭발했다.

순찰 중이던 육군 제1보병 사단 소속 하재헌 하사가 철책을 넘어가다가 목함지뢰가 폭발했고 김정원 하사가 하재헌 하사를 부축하고 넘어오는 과정에서 다시 한 번 목함지뢰가 폭발했다. 두 번의 지뢰 폭발로 하재헌 하사는 두 다리를, 김정원 하사는 한쪽 발을 잃는 중상을 입었다.

사고 현장에서 수거한 폭발물 잔해를 정밀 분석한 결과, 북한군이 군사분계선을 넘어와 매설한 지뢰인 것으로 밝혀졌다. '북한 목함지뢰 도발 사건'이었다.

그런데 당연히 사건 당일 열렸어야 하는 국가안보보장회의, NSC는 나흘 뒤인 8월 8일에야 소집됐다. 우리 군이 북한을 향해 "혹독한 대가를 치를 것"이라고 발표한 것은 8월 10일이었다. 국회 차원에서라도 빨리 국방위를 열어 국민들에게 이 사건에 대해 알려야 한다고 주장했지만 받아들여지지 않았다. 결국 국방위원회가 국방부로부터 현안보고를 받은 것은 12일이 되어서였다. 나는 먼저 국방부 장관에게 우리가 북한에게 어떤 '혹독한 대가'를 치르게 할 것인지를 물었다.

유승민 위원: 장관님, '혹독한 대가를 치르도록 할 것이다'라고 합참이 발표했는데 확성기 방송 재개한 것, 이것이 혹독한 대가의 전부입니까? 앞으로 추가적인 조치가 있습니까?

국방부 장관: 추가적인 조치를 생각하고 있습니다.

유승민 위원: 생각하고 있습니까?

국방부 장관: 예

유승민 위원: 결정을 했습니까?

국방부 장관: 검토와 과정이 필요하다고 봅니다.

유승민 위원: 하기는 할 겁니까?

국방부 장관: 기다려 주시면…….

유승민 위원: 장관 이야기를 들어보면 '혹독한 대가를 치르도록 할 것이다' 이렇게 말을 해놓고 이제까지 한 것이 확성기 방송 재개한 것, 이 한 가지고, 다른 건 전부 다 생각중입니까? 확성기 방송을 재개한 것을 혹독한 대가라고 생각할 국민이 있겠습니까?

국방부 장관: 군에서 검토하고……. 대응이 있음을 믿어주시면 감사하겠습니다.

수색대원 두 명이 중상을 입었는데 일주일이 지나도록 우리 군이 취한 조치는 대북 확성기 방송 재개밖에 없었다. 천안함 폭침, 연평도 포격, 계속되는 북한의 도발에 우리는 단호한 모습을 왜 못 보여주는 것인가? 무능한 것인지, 종이호랑이인지, 양치기 소년이 되고자 하는 것인지, 종잡을 수 없는 태도였다.

'목함지뢰' 도발 사건 이후 군과 통일부, NSC와의 엇박자도 지적하지 않을 수 없었다.

유승민 위원: 국방부가 제출한 자료를 보면 8월 4일 사고가 났는데 48시간이 지나 유엔군사령부와 합동현장조사를 했습니다. 그 사이에 8월 5일에 상당히 많은 일들이 있었습니다. 북한 경원선 기공식에 박근혜 대통령이 참석하시고, 이희호 여사가 평양에 가시고, 우리 정부는 남북고위급회담을 통일부 장관 명의로 북한에 제안하는 세 가지 사건이 있었습니다. 그 전날 지뢰사고가 터졌는데 5일 날 이런 세 가지 중요한 사건이 있었고, 조사는 8월 6일 날 이루어졌다 말이에요. 이거 이상한 일 아닙니까? 어떻게 된 일입니까?

국방부 장관: 사고가 나고 바로 현지 군단의 조사단이 4, 5일 조사를 했고, 8월 4일 늦게 북한의 목함지뢰에 의한 도발 가능성이 매우 높다, 이렇게 확인을 했고, 그런 사실이 다 보고가 됐습니다.

유승민 위원: 8월 4일 날 북한의 목함지뢰에 의한 도발 가능성이 높다고 보고가 됐는데, 우리 통일부 장관이란 사람은 남북고위급회담을, 그 다음날인 8월 5일에 제안을 합니까? 우리 군과 통일부 사이에 도대체 서로 전화 한 통도 안 하는 거 아닙니까? 아니, 그 전날 현지 부대가

조사를 해서 8월 4일 북한군이 지뢰도발을 해서 우리 하사 두 분이 그런 중상을 입었는데 통일부 장관은 아무 일도 없었다는 듯이 남북고위급회담을 제안하고. 정신 나간 짓 아닙니까?

국방부 장관: 저희들은 상부 보고선에 보고를 드리고 했는데……. 정부 차원에서는 대화와 압박을 병행한다는 정책을 가지고 있으니까 통일부에서 그런 계획된 조치를 취하지 않았나 생각되고…….

유승민 위원: 청와대 NSC는 도대체 뭐하는 사람들이기에 8월 4일 현지 부대가 조사해서 북한 도발일 가능성이 큰 걸 알았으면 그 즉시 유관 부서들이 회의를 했어야 하는데 NSC는 8월 8일에야 (회의를) 열었어요. 보복할 시점도 다 놓치고.

국방부 장관은 "(청와대) 국가안보실을 통해 4일 상황을 대통령에게 보고했고, 다음 날 북한의 목함지뢰로 추정된다는 내용도 보고했다"고 설명했다. 그러나 대통령에게 직접 보고하지는 않았다고 말했다.

국방위가 열린 다음날, 8월 13일 청와대는 국방부 장관의 발언을 부인했다. 청와대는 목함지뢰 사건이 일어난 다음날인 5일에야 북한의 소행일 가능성이 높다는 보고를 받았다며 국방부 장관의 발언을 반박했다. 누가 거짓말을 하는 것인가? 정부 부처 간에 이렇게 엇박자가 날 수 있단 말인가?

사드(THAAD) 배치를
주장한 이유

  국방위에 있는 동안 북한의 도발은 계속되었다. 미사일 발사도 이어졌다. 스커드미사일과 노동미사일을 쏘아올렸는데, 발사 지점은 계속 바뀌었다. 이상했다. 미사일 궤적과 낙하지점을 분석해야 할 필요성이 있다고 느꼈다. 국방위원회 차원에서 국방부에 보고를 요청했다.

  미사일 궤적을 분석해봤더니 2014년 3월 26일 평안남도 숙천에서 동해안으로 발사된 2발의 노동미사일은 650km를 날아갔고 최대고도는 150km이며 체공시간은 7분30초(450초)였다. 11발의 스커드미사일 중 9발은 500km를 날아갔고 최대고도는 130km이며 체공시간은 6분30초(390초)였다. 나머지 스커드미사일 2발은 최대고도를 150km까지 높여서 비거리를 절반인 250km까지 조절할 수 있음을 보여줬다. 북한이 이 미사일 13발에 핵탄두를 탑재하고 남쪽으로 90도 돌려서 남한을 공격한다면 제주도를 제외한 남한 전역은 사정권 안에 들어간다. 안전한 곳은 단 한 곳도 없었다.

나는 북의 미사일 궤적을 대외비로 묶어둘 것이 아니라 국민들에게 알려야한다고 국방부를 설득했다. 2014년 11월 국방부의 동의를 얻어 대정부 질문에서 처음으로 미사일 궤적과 사거리를 공개했다.

우리 군이 보유한 패트리어트 요격미사일 PAC-2는 핵미사일 방어에 쓸모가 없다. PAC-3를 도입하더라도 고도 15km에서 단 수초간의 요격 기회가 있을 뿐이고 요격 성공 가능성도 높지 않다. 우리 군이 사드를 가진다면 고도 40~150km의 구간에서 약 2~3분의 시간 여유를 갖고 그림의 B, C, D 지점에서 요격할 수 있고 성공 확률도 80%가 넘는다.

[그림] 2014년 북한이 발사한 스커드, 노동미사일의 실제 궤적.

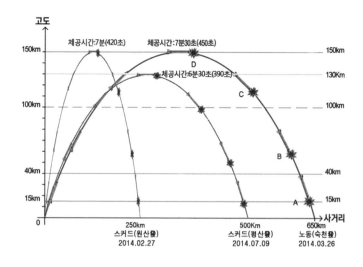

나는 이를 근거로 사드를 도입해야 한다고 주장했다. 국방부 장관은 계획이 없다고 답변했다. 사드 배치에 대해 시인도 부인도 하지 않는 국방부의 정책적 모호성은 그 후로도 계속되었다. 이른바 '3 NO'다. 요청도, 협의도, 결정도 없었다는 국방부와 우리 정부의 정책적 판단은 결과적으로 실패였다. 그 때 할 일은 국민들과 이웃 국가들을 설득하고 이해를 구하는 것이어야 했다. 북한 핵실험이 계속되고, 미사일까지 완성된 단계에서 우리가 할 수 있는 최소한의 방어체계이고 다른 의도는 없다고 분명히 지속적으로 밝혔어야 했다. 중국은 중요한 이웃 국가다. '3 NO'로 일관하다가 어느 날 갑자기 사드 배치를 발표하니 중국으로 서는 당혹스럽고 속았다는 생각이 들 수도 있다.

나는 2015년 4월 8일 국회 교섭단체 대표연설을 할 때 사드 배치의 필요성을 말했다. 사드 배치를 안할 수 있는 안보환경이 된다면 당연히 안하는 것이 맞다. 그러나 그건 북한이 절대 우리를 향해 핵미사일을 쏘지 않는다는 가정 하에서 그렇다. 사드 배치를 반대하는 이들에게 묻고 싶다. 국민의 목숨을 구할 수 있는 다른 대안이 있는가?

7

내가 꿈꾸는 공화국

내가 꿈꾸는 공화국

대한민국이 채택한 정체(政體)는 민주공화국이다. 그것이 우리 헌법 1조 1항의 내용이다. 1조 2항은 주권재민(主權在民)을 말한다. 대한민국의 주권은 국민에게 있고, 모든 권력은 국민으로부터 나온다고.

1948년의 제헌헌법부터 그렇게 씌어 있었다. 그러나 1987년 이전의 대한민국은 민주공화국이 아니었고, 주권은 국민에게 있지 않았고, 모든 권력은 국민으로부터 나오지 않았다. 민주주의를 위해 수많은 이들의 희생이 있었다. 그렇게 해서 민주주의는 쟁취하게 되었지만 1987년 이후 지난 30년간 우리는 과연 민주공화국을 제대로 누려왔던가? 불행하게도 그렇지 못했다.

정치를 하면서 헌법을 다시 손에 들게 되었다. 학창시절에 읽었을 때에는 솔직히 무슨 뜻인지 가슴에 와닿지 않던 헌법 조항들이었다. 그 조항들을 해석하는 것은 법대생들이나 할 일 정도로 생각했다. 지금 생각해보니 참 부끄럽고 어린 생각이었다. 정치를 하면서 17년간 이런저런 일들을 겪으면서 헌법은 나의 나침판이 되었고 나는 헌법의 정신, 헌법의 가치가 과연 무엇인지를 골똘히 생각하게 되었다.

민주공화국의 민주와 공화에 대해 깊이 생각했다. 민주는 무슨 말인지 알 것 같은데 공화는 무슨 뜻일까? 그 단어에 대해 처음에는 별 의식이 없었으나 차츰 그 뜻이 궁금해졌고 조금씩 조금씩 내 가슴속으로 공화가 들어왔다. 共和라는 한자말의 뜻을 그대로 풀이하면 '함께 화합'한다는 정도의 의미다. 중국 『사기(史記)』의 기록에 주(周)의 여왕(厲王)이 폭정으로 쫓겨나고 일부 제후와 재상이 왕을 대신하여 집정하던 시기에 왕 없이 정치가 이루어지던 공화제(共和制)란 말에서 유래했다고도 한다. 공화국(republic, res publica, 공공의 것)이라는 어원도 생경했다. 그 정도로는 도무지 갈증이 풀어지지 않았다. 나는 공화의 뜻을 알기 위해 공화주의자들의 책을 닥치는 대로 읽기 시작했다. 니콜로 마키아벨리, 장 자크 루소, 모리치오 비롤리의 책을 읽었다. 그리고 이들이 말하는 정의가 과연 무엇인지를 알기 위해 존 롤스와 마이클 샌델의 책을 읽었다. 그러면서 참으로 경이로운 각성의 시간을 경험했다. 아주 오래전에 유럽과 미국의 정치사상가, 철학자들이 고민했던 그 공화가 오늘의 대한민국에서 정치를 하는 나에게 가슴 벅찬 가르침을 주리라고는 상상도 못했다.

마키아벨리가 생각하는 '공화'는 어떤 것이었을까? 그는 이렇게 말했다. "어느 시민도 가난을 이유로 공적인 명예로부터 배제되거나 오명을 얻게 되지 않아야 한다. 진정한 공화국이 되기 위해서는 반드시 정의에 기반을 둬야 한다. 정의와 법치의 지배라는 기초 위에 세워진 공화국은 우정과 연대의식, 그리고 공동체주의자들이 말하는 소속감을 제공한다. 공화주의적 평등은 단지 시민적, 정치적 권리의 평등만으로 이루어져 있지는 않다. 시민들에게 존엄과 자존심을 가지고 살아갈 수 있을 정도의 사회적, 경제적, 문화적 조건들이 보장해줄 것을 요구한다."

루소의 말이다. "어느 누구도 자신의 굴종과 충성을 힘세고 부유한 시민들에게 팔아버려야 할 정도로 가난해서는 안 되며, 어느 누구도 사적인 혜택을 미끼로 다른 시민들의 굴종을 사버릴 정도로 부유해서도 안 된다."

루소가 주장하는 공화주의적 평등의 원칙은 이렇다. "첫째, 시민들이 너무 가난해서 공공부문이나 사기업에서 일자리를 구할 수 없게 되거나 교육의 기회조차 가질 수 없게 되는 것을 정부가 적극 막을 것을 요구하는 것이다. 정부가 이렇게 하는 것은 바로 정의 때문이다. 가장 부유한 자나 가장 큰 특권을 가진 자가 아니라 가장 우수한 자가 승리하도록 보장해야 하기 때문이다. 가장 우수한 자의 승리를 보장하기 위해서는 경쟁이 절대적으로 공평하고 공정해야 한다. 둘째, 공화국 모든 시민들에게 불운이 찾아왔을 때에도 밑바닥으로 떨어지지 않도록 일할 권리와 사회적 권리를 보장해야 한다."

비롤리는 『공화주의』에서 "공공선의 으뜸은 정의다"라고 했다.(이상 모라치오 비롤리 지음, 김경희·김동규 옮김, 『공화주의』, 2012년, pp.138~142 재인용)

공화의 으뜸은 정의이고, 공화에는 정의, 자유, 평등, 공정, 법치, 공공선, 그리고 시민의 덕성이 있다는 것을 깨우치게 되었다. 그 하나 하나가 모두 우리 대한민국의 헌법에 있는 단어들이었다.

"모든 국민은 인간으로서의 존엄과 가치를 가지며 행복을 추구할 권리를 가진다," "모든 국민은 인간다운 생활을 할 권리를 가진다"고 규정한 우리 헌법 10조와 34조가 가슴에 와닿았다. 헌법이 말하는 인간의 존엄과 가치, 행복을 추구할 권리, 그리고 공화가 말하는 정의, 자유, 평등, 공정, 법치, 공공선, 그리고 프란치스코 교황의 말씀들, 이 모든 소중한 것들이 겪어보지 못한 감동으로 가슴속에 밀려왔다. 경제만 알던 내가 세상을 모르는 우물 안의 개구리였다는 각성에 얼굴이 화끈거렸다.

정치를 하면서 양극화, 불평등, 불공정에 눈을 뜨게 되었다. 저성장과 저출산이 얼마나 심각한 문제인지도 새삼 인식하게 되었다. 그런데 공화와 정의를 고민하기 시작하면서 양극화, 불평등, 불공정의 대한민국을 어떻게 치유할 것인지 그 철학이 보이기 시작했다. 저성장과 저출산의 문제도 배움을 얻게 되었다. 내가 공감하고 교훈을 얻은 마키아벨리의 생각들을 소개하면 이런 것들이다.

공화주의 제도가 잘 운용되기 위해서는 시민의식 혹은 덕성이 필요하다. 이러한 시민의식은 공정한 정치와 사회 분위기 속에서만 나올 수 있는 것이다. 정치적, 사회적 성공의 길이 모두에게 공평하게 열려 있는 사회, 즉 사적인 길이 아니라 공적인 길이 열려 있는 사회에서 시민들은 정치적 자유를 누릴 수 있다. 생계유지를 위한 각종 생산활동의 자유가 보장될 뿐만 아니라, 부모의 신분에 따라서 성공이 결정되는 것이 아니라 자유인으로서의 능력에 따라 성공이 결정되는 공동체라면 부모들은 기꺼이 아들을 낳을 것이다. 이러한 인구 유입과 출산율 증가는 바로 공동체에 복무할 시민군의 증가로 이어진다.

(마키아벨리, 김경희 지음, 『공화주의』, p.65 재인용)

'아이들이 행복하게 클 수 있는 나라, 아이들에게 기회가 열려 있는 공동체'라고 부모가 생각한다면 기꺼이 아이를 낳고, 출산율이 증가할 것이라는 이 말은 16세기에 마키아벨리가 했다. 21세기의 대한민국은 왜 출산율이 갈수록 떨어지는지, 미리 답변을 해둔 셈이다.

대한민국은 민주공화국임을 천명한 제헌헌법의 선각자들에게 깊이 감사하는 마음을 가지면서 나는 결심했다.

이제 공화국을 해보자. 아직까지 제대로 하지 못했던 공화국을 해보자. 왕이 다스리는 왕정이 아닌, 독재도 중우정도 아닌 제대로 된 공화국을 해보자. 우리 국민들이라면 할 수 있을 것이다. 미국, 영국, 프랑스, 독일, 스웨덴, 일본 이런 잘사는 나라들을 부러워하지 않아도 될 위대한 공화국을 우리 국민의 손으로 만들어 보자. 대한민국이라는 공동체가 정말 따뜻한 공동체, 정의로운 세상이 되도록, 그리하여 양극화, 불평등, 불공정이 이 땅에 더불어 사는 인간의 존엄과 가치를 훼손하지 않도록, 자유 평등 공정 법치가 살아 숨쉬는 정의로운 세상에서 우리

국민들이 뛰어난 역량을 마음껏 발휘할 수 있는 그런 공화국을 만들어
보자. 나는 공화에 깊이 빠져 들었다.

이런 생각을 하면서 나는 한국의 보수정치, 보수주의를 반성했다. 보
수는 과연 무엇을 해왔던가? 그동안 한국의 보수는 무엇을 지켜왔는
가? 한국전쟁에서 공산주의자들로부터 대한민국을 지켰고, 산업화로
가난을 물리쳤고, 이제 민주주의와 시장경제를 지킨다고 한다. 보수는
반공, 자유, 시장경제, 경제성장의 가치를 지켜왔다고 한다. 그런데 한
국의 보수가 지켜온 것은 반쪽의 헌법 아닌가? 헌법에는 자유도 있지만
정의, 평등, 공정, 법치도 있다. 성장도 있지만 복지도 있다. 보수는 과
연 우리 헌법을 제대로 지켜왔는가? 보수는 과연 양극화, 불평등, 불공
정, 저성장, 저출산이라는 시대의 문제를 해결하는 데 진정성을 가지고
행동해왔는가?

온 나라를 뒤흔든 헌정사 최초의 대통령 탄핵이 보수의 궤멸을 초래했
다. 그러나 보수의 위기를 박근혜 전 대통령 한 사람만의 책임으로 돌릴
수 있는가? 그건 아니다. 대통령 탄핵 사태가 터지기 훨씬 이전부터 보
수의 위기는 보수 스스로의 나태와 오만과 무능으로 인해 잉태되어 있었
다. 만약 한국의 보수정치가 진작 제대로 된 공화국을 만들기 위한 변화
의 몸부림을 쳤더라면 이렇게 심각한 보수의 위기가 초래됐을까?
김대중 정부와 노무현 정부 10년을 제외하면 대한민국은 보수가 정
권을 책임져왔다. 그런데 2017년의 대한민국은 총체적 위기에 처해 있
다. 당장의 경제위기, 안보위기는 물론이고 수십 년 동안 누적되어온

구조적이고 근본적인 문제들 때문에 과연 우리의 조국 대한민국이 온전하게 존재할 수 있을지 걱정할 만한 절대위기에 처해 있다.

　그래서 나는 보수혁명을 말한다. 진정한 공화국을 위한 보수혁명이다. 보수가 무슨 혁명을 하는가? 보수와 혁명이라는 말이 도대체 어울리기나 한다는 말인가? 그렇다. 보수와 혁명은 어울리지 않는다. 지켜야 할 좋은 가치와 전통이 살아 있다면 보수혁명이라는 말은 성립하지 않을 것이다. 그러나 지금 대한민국의 보수는 혁명을 하지 않을 수 없을 정도로 지켜야 할 만한 좋은 가치와 전통을 갖고 있지 못하다.

　영국의 보수주의자 에드먼드 버크는 "변화의 수단이 없는 국가는 그 보존수단도 없다"라고 했다. 보수가 살아남으려면 보수(補修)해야 한다. 변화를 거부하고 유물처럼 남아 있는 것이 보수가 아니다. 변화를 수용하는 것이 보수다. 진정한 보수주의자들은 역사의 진보를 믿는다. 인간의 불완전성을 인정하면서, 모든 것을 파괴하는 급진적 혁명의 위험을 경계하면서 "아버지의 상처를 치료하는 자식의 심정으로" 개혁하는 것이 보수다운 개혁이다. 지금 대한민국에는 그런 개혁이 필요하지 않은가? 제대로 된 공화국을 만들어가는 개혁이 필요한 것 아닌가? 한국의 보수정치가 이 길로 가기를 나는 진정으로 원한다. 한국의 보수가 바뀌면 대한민국이 바뀌기 때문이다.

　공화국을 향한 여정. 이걸 왜 굳이 보수가 해야 하는가? 진보에게 맡기면 될 일 아닌가? 그런 얘기를 자주 듣는다. 보수혁명을 말하려면 보

수당에 있지 말고 차라리 진보진영에 가담하라는 말도 많이 듣는다. 그
럴듯하지만 틀린 말이다. 그런 말들은 보수가 변하지 않겠다는 말일 뿐
이다. 그런 말들은 급진세력이 파괴적 혁명으로 모든 좋은 관습과 전통
과 가치를 무너트려도 속수무책으로 당할 수밖에 없다는 것을 자백하
는 안이한 생각이다. 보수의 자멸을 방치하겠다는 말이다. 선진국의 역
사에서 왜 위대한 개혁은 보수가 했는지를 모르고 하는 말이다.

영국의 보수당이 300년 넘는 장구한 세월 동안 살아남을 수 있었던
것은 시대의 변화에 따라 유연하게 열린 자세로 스스로 변화하고 진화
했던 덕분이다.

> 만일 보수당이 기득권을 있는 그대로 지키려고만 했다면 영국 역시 프
> 랑스혁명과 같은 급격한 정치적 격변을 경험했을지도 모른다. ……
> 대토지 소유 계급과 귀족들의 정당이, 대영제국의 정당, 상공업자의
> 정당 그리고 복지국가의 정당으로 변화할 수 있었던 것은 이와 같은
> 유연성 때문이었다. 보수당은 오래 된 정당이지만 새로운 변화에도 수
> 용적이었던 것이다. …… 우리는(보수당은) 난폭하고 잔인한 자본주의
> 의 정당이 아니며 결코 그랬던 적도 없다. …… 토지소유 계급, 귀족의
> 집단으로 출발한 보수당은 산업혁명 이후 부를 축적하며 새로운 사회
> 적 힘으로 떠오른 상공업자들을 끌어들였고 이들과 하나로 융합했다.
> 노동계급에게까지 투표권이 확대된 이후 당 조직의 강화를 통해 이들
> 을 보수당의 지지자들로 만들었다.
>
> (강원택 지음, 『보수정치는 어떻게 살아남았나? 영국 보수당의 역사』, 2008년,
> pp.354-356)

그래서 나는 한국 보수의 각성을 촉구한다. 타성에 젖어 있고 오만과 무능에 빠져 있는 보수가 혁명적으로 변할 것을 촉구한다. 그 목표는 제대로 된 공화국이다. 공화국을 만드는 과정에 진보가 동참한다면 환영할 만한 일이다. 그러나 그 일을 진보에게만 맡길 이유는 없다. 때로는 무책임하고 때로는 교만하며 때로는 특정 집단의 이익만을 대변하는 진보에게만 맡겨서는 안 된다. 대한민국이라는 공동체가 내부로부터 붕괴되기 직전인데 그 공동체를 지키는 일, 그것은 바로 지키는 것이 원래의 역할인 보수가 할 일 아니겠는가.

'아이 키우고 싶은 나라'를 만들자면서 육아휴직 3년, 칼퇴근 보장(초과근로시간 제한), 돌발노동 금지, 양육수당 인상, 아동수당 도입 등을 말했을 때,
'어르신을 위한 나라'를 만들자면서 기초생활보장제도의 부양의무자 조항의 폐지를 말하고
'가난한 국민도 더불어 사는 공동체 복지'를 만들자면서 중부담-중복지, 국민연금의 최저연금액 보장을 말했을 때,
'일하면서 제대로 대접받는 나라'를 만들자면서 비정규직을 줄이고 그들의 안전을 보장하고 최저임금을 인상하자고 말했을 때,
'창업하고 싶은 나라'와 '경제정의가 살아 있는 공정한 시장경제'를 만들자면서 재벌개혁과 창업 생태계를 말했을 때,
기회의 사다리, 신분상승의 사다리를 다시 만들기 위해 공교육과 공보육을 제대로 하자고 말했을 때,
사회적경제의 생태계를 만들어 공동체의 빈곤과 복지와 일자리의 문제

를 덜어보자고 말했을 때 ……

내가 그런 정책들을 말했을 때 나는 항상 마음속의 공화국을 그리면서 그 곳으로 한 걸음 더 나아가는 대한민국의 변화에 대해 말하고 싶었던 것이다.

어디서부터 시작해야 할까? 인간의 존엄과 가치를 지키는 나라가 되려면 어떻게 고쳐야 할까? 기초생활보장제도의 예를 들어보자. 기초생활보장은 당장 먹고사는 것이 불가능해졌을 때 최소한의 생계를 보장해주는 제도다. 그런데 본인의 소득과 재산이 없는데도 소위 '부양의무자 기준' 때문에 기초생활보장의 혜택을 못 받고 있는 국민들이 100만 명이나 된다. 부양의무자, 다시 말해 자식이나 부모의 능력이 없거나 그들로부터 부양을 받지 못한다는 사실을 입증해야만 수급 혜택을 받을 수 있다. 그런데 이 입증은 쉬운 일이 아니다. 수십 년 전에 연락조차 끊어진 자식을, 부모를 찾아내서 '관계 단절 확인서'라는 것을 써달라고 해야 하는데 이미 인연이 끊어진 가족들끼리 이 과정에서 다시 한 번 서로의 가슴에 못질을 하게 되거나 모멸감과 수치심을 고스란히 느끼게 된다. 확인서를 써주면 써주는 대로, 혹은 그마저도 부양의무자가 거부하는 경우도 있기 때문이다.

내가 만나뵈었던 어르신들은 비록 자식으로부터 경제적 도움은 못 받고 있지만 "자식 얼굴에 먹칠하고 싶지 않다.", "얼마 더 살 거라고 연락도 안 되는 자식한테 그런 부끄러움까지 안겨주고 싶지 않다"며 기초생활보호 수급신청을 포기하셨다고 한다. 한국의 '다니엘 블레이크'는 이런 이유로 수급 신청에서 스스로의 이름을 빼고 있는 것이다. 원래 기초생활보호 수급자였다가 연락이 끊어진 딸이 돈을 얼마라도 벌게 됐다는 이유로 수급자에서 탈락하자 스스로 목숨을 끊은 슬픈 사연도 있다.

이런저런 이유로 기초생활보호 수급자 자격이 안 된다며 폐지를 모으면서 차가운 쪽방에서 연명하고 계시는 어르신은 170만 명에 달한다. 1kg에 70~80원 받는 폐지를 하루에 100kg 모아 팔아도 고작 하루 7천 ~8천 원, 한 달에 20만 원을 버는데, 그 돈이 없으면 생활이 안 되는 어르신들의 상황이 지금 대한민국의 현실이다. 또 종교시설에서 나눠주는 500원 동전을 받기 위해 새벽에 집을 나서서 종일 동전 나눠주는 곳들을 찾아다니며 하루 5천 원, 8천 원을 버는 소위 '500원 순례길'에 나서는 어르신들의 모습이 대한민국의 현실이다.

우리나라처럼 가혹하게 '빈곤의 연대의무' '복지의 가족 책임'을 강요하는 나라는 없다. 이 어르신들의 존엄과 가치, 인간다운 생활은 누가

폐지를 줍는 어르신들 모습.

지켜드려야 하나? 국가가 지켜드려야 한다. 그게 공화국이다. 가난을 책임져야 하는 것은 가족이 아니라, 사회와 국가라는 인식의 변화가 있어야 한다. 자유와 시장경제를 말하기 전에 대한민국 국민으로서의 최소한의 '사회적 권리'에 대해 말해야 한다. 사회적 권리는 경제정의다. 가난해도 인간의 존엄성을 지킬 수 있는 공동체가 내가 꿈꾸는 새로운 대한민국이다.

정의로운 공화국을 만들기 위해서는 존 롤스가 말한 공정한 기회균등의 원칙과 불평등 하에서도 '최소수혜자(the least advantaged)'에게 이익을 보상해주는 차등의 원칙이 지켜지는 시스템을 만들어야 한다. 사회적으로 소외되었거나 태어나면서부터 부와 재능을 타고나지 못하여 가장 약할 수밖에 없는 사람들에게도 혜택이 돌아가는 공동체를 말한다. 최소수혜자일 수밖에 없는 독거노인들에게 생활비를 지급한다든가, 대학에서 농어촌 특별전형을 실시한다든가, 저소득층 자녀들에게 보육과 교육의 기회를 특별히 제공하는 제도들은 모두 그런 시스템을 만들기 위한 것이다. 가난한 부모를 둔 자녀가 부자 부모를 둔 자녀와 인생사가 처음부터 끝까지 달라지지 않도록 공정한 사회를 만드는 것이 우리의 목표다.

정의로운 공화국이 되려면 우리 사회의 힘센 자들에게 분명한 정의와 공정의 원칙이 적용되어야 한다. 정치인과 고위관료, 재벌, 언론 등이 과거와 같은 행동양식을 고수하는 한 정의로운 공화국은 이루어질 수 없다. 권력의 부패와 정경유착, 민주주의와 시장경제를 해치는 경제권력의 횡포 등은 철저히 규율되어야 마땅하다.

나는 경제학 중에서도 산업조직론을 전공하고 재벌개혁을 고민하는 데 많은 시간을 보냈는데, 오랜 고민 끝에 최선의 재벌정책은 복잡한 문어발식 규제가 아니라 단순하면서도 강력한 몇 가지 원칙이 지켜지는 것이 중요하다는 결론에 도달했다. 법치를 확립하면서 레드라인(red line)을 설정해 그 선을 넘는 재벌의 경제권력에 대해서 철퇴를 가하는 것이다. 경제력을 남용하여 중소기업, 창업혁신기업들의 생태계를 교란시키는 행위를 금지하고, 불법을 저지른 재벌총수, 임원들에게 가석방, 사면, 복권을 금지하고, 언론과 정치에 대한 재벌의 영향력을 차단하는 것 등과 같은 원칙들을 지키는 것이 정의로운 공화국을 위해 정말 중요한 정책이라는 생각을 하게 된 것이다.

어머니, 나의 버팀목

어머니는 올해로 미수(米壽)가 되셨다. 어머니는 경북 안동시 북후면 물한리(勿閑里)에서 1남 4녀 가운데 셋째 딸로 태어나서 여고를 졸업하던 해 아버지와 혼인하셨다. 할머니의 친정이 같은 북후면의 도나리였는데 이 곳 도나리로 시집간 큰이모가 할머니 친정과 알게 되면서 사돈까지 맺게 됐다고 한다. 그래서 할머니의 고향도 안동, 어머니의 고향도 안동인데 두 안동 여인이 안동의 산골 못지않은 산골인 영주군 이산면 용상리(龍上里) 어와실(御臥室)의 빈농 집안으로 시집 와 그 시절 다들 그랬지만 농사지으랴, 시부모 모시랴, 자식 키우랴 많은 고생을 하셨다.

어릴 때부터 똑똑했던 어머니는 안동여고 학창시절 공부를 잘하셨다. 그렇지만 일제강점기 당시 독립운동을 하다 감옥살이까지 했던 외아들, 나의 외삼촌 걱정에 여념이 없었던 외가는 딸자식들을 대학에 보내줄 형편이 아니었다. 어느 날 영주의 농사짓는 집 막내아들이라며 사진 한 장 보여주고는 혼인하라는 말에 서럽기도 하고 낯선 곳에 가서 살아야 한다는 두려움에 "가기 싫다"는 말이 입 안에서 맴돌았다고 한다. 하지만 그 시절, 그것도 경북 안동에서 부모님 말씀을 거역한다는 것은 어지간해선 힘든 일이었으니 어머니는 그렇게 영주로 건너오셨던 것이다.

아버지 집안도 가난하긴 매한가지였다. 농부였던 할아버지는 어디서 배우셨는지 모르겠지만 한자를 잘 쓰셔서 가을걷이를 끝내고 농한기가 되면 비석에 글씨 쓰는 부업을 하셨다. 그런데 비석에 글씨를 써주러 여기저기 돌아다니다 보니 양반집에서는 형편이 어떻든 자식들 글공부에 정성을 쏟는 모습을 보게 되면서 교육의 중요성을 깨닫게 되셨다고 한다. 글공부를 잘해서 양반으로 사는 것인지, 양반이어서 글공부에 더욱 신경을 쓰는 것인지는 모르겠지만, 할아버지는 "나도 내 자식들만은 꼭 배우게 해야겠다"는 결심을 하셨던 것이다.

할아버지는 3남 1녀를 두셨는데, 세 형제 중 막내였던 아버지는 명석한 데다 특히 글 읽고 배우는 것을 좋아했다. 당시 어와실 마을에서 초등학교에 다니려면 왕복 40리 길을 걸어 평은초등학교까지 가야 했는데 40리는 대략 16km, 등교와 하교에 두 시간씩 걸린다. 수업시간 전에 도착하려면 새벽에 집을 나서야 했다. 아버지는 그 어린 나이에 몇 시간씩 걸어서 오가면서도 힘들다는 소리 한 번 하지 않았다고 한다. 학교 가는 길에 내성천을 따라 걷다 강을 건너야 했는데 아버지의 기억

속에는 내성천의 모래사장과 강물, 그리고 등하교길의 친구들에 대한 추억이 유난히 많았다. 학교에 가는 것을 그저 좋아라 하는 모습을 지켜본 할아버지는 어려운 살림살이지만 막내만은 끝까지 공부를 시켜야겠다고 마음 먹었고, 아버지가 당시 공립 명문이었던 5년제 경북중학교에 합격하자 어려운 형편에서도 대구로 유학을 보냈다.

온 집안의 희망이었던 아버지가 고시공부를 하는 동안 어머니는 영주 시댁에서 농사일을 거들면서 내 위의 누나와 형을 키웠다. 넉넉지 않은 형편에 고시 공부까지 하느라 미안함이 컸던 아버지는 고시를 치르고는 바로 안동농림학교에 독일어 교원 자리를 얻어 떠나셨다. 어린 남매를 들쳐업고 논으로 나가 일하고 시부모님을 모시면서 살림살이를 도맡아 하셨던 어머니는 남편이 집으로 와주기를 기대했지만 아버지도 그럴 형편이 못 되었던 것이다. 고대하던 아버지의 고등고시 합격 소식은 55년 영주 어와실 본가로 날아들었고, 큰아버지가 붓글씨로 편지를 써서 안동농림학교에 보내 알리셨다고 한다. 아마 전보를 칠 형편도 아니었던 것이 아닐까 짐작할 뿐이다.

아버지가 판사로 임용되면서 어머니의 대구 생활이 시작됐다. 첫 월세방은 중구 대봉동에 얻었는데 막내인 나는 거기서 태어났다. 주인집 아들의 이름이 철수여서 철수네 집으로 기억하는 그 집에서 한동안 지내던 우리 가족은 대봉동 경북고등학교 옆 골목 안의 작은 집으로 이사 갔다. 그 후 친척들이 하나둘 모여살게 되면서 삼덕동으로 이사를 가게 됐다.

형과 공부하는 모습. 오른쪽이 필자.

대구는 아버지 고향인 영주와 어머니 고향인 안동에 비하면 말 그대로 대처(大處)였기에 양쪽 집 안을 통틀어 유일하게 대구로 진출한 우리 집에 친사촌, 외사촌, 고종사촌 가릴 것 없이 친척들이 유학하러 오게 된 것이다. 5명의 우리 가족 이외에도 많을 때는 10명 가까이 살다보니 삼덕동의 작은 집은 늘 아우성이었다. 사촌형들은 중학교에서 대학교까지 걸쳐 우리집에서 학교를 다녔는데 그 중에서도 막내였던 나는 형들에게 얻어맞기 일쑤였고, 식사 때도 밥은 먹을 수 있었지만 나에게까지 남겨지는 반찬은 별로 없었다.

판사라는 직업이 선망의 대상이기는 했지만 월급은 얼마 되지 않던 시절이라 대식구의 살림살이를 꾸려나가야 했던 어머니는 늘 쪼들렸다. 이른바 개천에서 난 용이었던 아버지와 결혼한 덕분에 어머니는 온 집안 뒤치다꺼리를 도맡아야 했던 것이다. 내가 돌이 지났을 무렵 중이염에 걸렸는데 병원에 갈 돈이 없었던 어머니는 선물로 받은 영화표 한 장을 생각해내고는 나를 업고 영화관 앞으로 달려갔다. 영화표를 팔아서 그 돈으로 막내를 병원에 데려가야겠다는 일념에 매표구에 줄 선 사람들에게 다가가 "영화표 사실 분……."이라고 조심스레 말했는데 마침 암표상 단속을 나왔던 경찰에게 붙잡히고 말았다. 판사 아내가 범법 행위를 하다 현장에서 걸렸으니 이 사실이 알려지면 남편에게 망신살이 뻗칠 거란 걱정에 어머니는 새파랗게 질렸다. 등에 업고 있던 나를 보여주며 아픈 아이 병원비 구하려고 그런 것이니 제발 봐달라고 단속 경관에게 빌고 또 빌어서 겨우 훈방됐다. 다행히 별 탈 없이 풀려나긴 했지만 영화표마저 압수당해 돈을 마련하지 못한 어머니는 결국 나를 병원에 데려갈 수 없었고 그 때 앓은 탓인지 아직까지도 내 청력은 그다지 좋지 않다.

어머니가 나를 뱃속에 가졌을 때가 우리집 살림이 가장 어려웠다. 농사를 짓던 영주 시댁에 있을 때는 그래도 밥은 먹고 살았는데 대구에 올라와서는 몇 푼 안 되는 월급에 월세를 내고 나면 양식이 자주 떨어졌다. 남편과 어린 남매를 굶길 수는 없고, 무심한 남편 대신 영주 시댁에 양식을 보내달라고 연락하려니 입이 떨어지지 않았던 어머니는 배를 곯는 날이 잦았다. 임신한 상태에서도 제대로 먹을 수 없었던 어머니는 어릴 때 자주 감기와 각종 병에 걸려 골골했던 내가 아픈 것까지 당신 탓으로 돌리시며 "내가 너를 가졌을 때 제대로 못 먹어서 네가 어릴 때 늘 몸이 약했다"고 자책하시고는 했다. 사실은 나에게도 동생이 있을 뻔했는데 어머니가 몸이 안 좋아서 결국 유산을 했다. 가끔씩 그 동생이 살아 있었으면, 여동생이었으면 좋았겠다는 생각을 하곤 했다.

어머니를 생각하면 늘 양말을 깁고 있거나 재봉틀을 돌려 옷가지를 만드시던 모습이 가장 먼저 떠오른다. 어머니가 그렇게 바지런하게 일하셔서 아낀 돈은 가끔 안동 외가에 내려갈 때 쓰였다. 눈코 뜰 새 없는 생활 속에서 어머니의 가장 큰 낙은 외가 나들이였는데 막내인 나만 데리고 갈 때가 종종 있었다. 중앙선 옹천역에 내려 푸줏간에서 고기 한 근을 끊은 뒤 다시 한 시간 반을 걸어 들어가야 나오는 산골마을이 어머니의 고향 물한리였다.

흔들리지 않는 성품에 늘 당신의 몸을 혹사시킬 정도로 부지런하고, 완벽주의자인 어머니는 우리 집안의 버팀목이었다. 낙천적이었던 아버지는 때때로 천하태평일 정도로 집안일에는 무관심하셨고, 걱정과 다독임, 보살핌은 늘 어머니의 몫이었다.

막내였던 내가 어머니 품을 떠나 서울로, 그리고 미국으로 유학을 가 있을 동안 늘 어머니는 한 글자 한 글자 마음을 담아 손편지를 써서 보내주시곤 했다. 책 읽고 글쓰기를 좋아하셨던 어머니는 마당에 어떤 꽃이 피었는지, 어머니가 마당에 심은 상추, 고추, 호박, 방울 토마토, 포도, 열무농사는 어떻게 되어가는지, 누나와 조카들은 어떻게 지내는지 소소한 일상을 전하시며 나에게 고향의 온기와 힘을 불어넣어 주셨다. 공부 준비도 제대로 하지 못하고 미국 유학을 떠나 첫 학기가 너무 힘들었는데 그때 난 참 무식하게도 모르면 그냥 밤을 새워서라도 책을 통째로 외워버렸다. 그렇게 버틴 것도 어머니와 가족들을 실망시키지 않고 싶었기 때문이었다.

삼남매 중에 막내인 나는 어릴 적부터 어머니 속 썩이는 데는 일등이었던 것 같다. 누나는 맏이라서 늘 어른스러웠고 형은 모범생이라 어머니 속 썩일 일이 거의 없었다. 어릴 적부터 친구들과 바깥에서 놀기를 좋아했던 나는 가끔씩 멀리 갔다가 날이 어두워진 후에야 집에 돌아오는 일이 가끔 있었는데 그 때마다 어머니는 꼭 동네 골목 앞에서 서성거리면서 나를 기다리셨다. 고등학교 3학년 때에는 입시 스트레스로 가출하겠다는 친구 때문에 집에 미리 말도 못하고 갑자기 친구와 함께 양산 통도사로 떠나 얼떨결에 나도 하룻밤 가출을 하게 되었다. 그 다음날 학교로 돌아와 담임선생님한테 실컷 얻어맞고 집에 갔더니 어머니는 아무 말 않으시고 따뜻한 밥을 해주셨다.

2000년 KDI를 그만두고 정치를 하겠다는 결심을 말씀드렸을 때도 어머니는 강건한 버팀목이 되어주셨다. 월급이 꼬박꼬박 나오는 안정된 직장을 박차고 나와 야당이었던 한나라당 여의도연구소에서 무일푼으로 일해야 하니 아내와 아이들에게 많이 미안했다. 그 때에도 어머니는 내 편이 되어주셨다. 큰일을 하기로 마음먹었으면 이제부터는 절대 흔들리지 말라며 내 결심을 지지해주셨다. 그 때부터 매일 새벽마다 조간신문을 읽는 것은 어머니의 일상이 되었다. 나와 관련된 소식이 나오면 모아서 스크랩을 해두고, 귀가 어두워지셔도 텔레비전 뉴스 화면이라도 보시며 내 걱정만 하게 되신 것이다. 2015년 원내대표에서 물러날 때, 2016년 공천을 받지 못해 새누리당 탈당을 선언하고 무소속으로 출마했을 때, 그럴 때마다 어머니의 속은 시커멓게 타들어갔지만 내색 한 번 하지 않으시고 그저 내 손을 꼭 잡아주시기만 했다.

20년 전 마당에 있는 나무에 가지치기를 하시다 사다리에서 떨어지

신 뒤론 어머니의 허리는 심하게 굽어버렸다. 장보러 다니기에도 힘들
정도로 거동이 불편하시다. 귀도 많이 어두워져 아무리 큰 소리로 얘기
를 해도 전화로는 의사소통이 안 될 정도다. 연세가 연세인지라 눈도
침침하시니 문자를 주고받을 수도 없는 노릇이라 대구에 사는 누나를
통해 간접적으로 안부를 여쭙거나 대구에 내려갈 때 간혹 찾아뵐 수밖

에 없는 형편이다. 죄송한 마음뿐이지
만 어머니는 늘 강건하게 말씀하신다.
"내 걱정하지 마라. 나는 괜찮다." 언제
나 나를 따뜻하게 품에 안아주시던 어
머니가 너무 작고 쇠약해진 모습이 안
타까워 이제는 내가 어머니를 조심스레
안아드린다.

어머니는 늘 나의 강건한 버팀목이 되어주셨다.

역전 투런 홈런

나는 공을 갖고 하는 운동이면 다 좋아한다. 축구도 좋아하지만, 작은 공을 갖고 하는 운동들을 더 좋아한다. 어릴 때부터 탁구와 야구를 좋아했다. 대학생 시절부터 30대까지는 테니스광이 되었다. 그 중에서 특히 야구를 좋아했는데 삼성라이온스 팬이고 류중일 감독과 양준혁 선수를 좋아한다. 이 두 분은 내가 공천 못 받고 고생할 때 일부러 대구에 찾아와서 나를 위로해주었다. 정치를 하기 전에는 삼성라이온스 팬인 아들 녀석과 대구와 잠실의 야구장에 가기도 했다.

어릴 때부터 동네야구를 좋아했지만 내가 다녔던 모교 경북고등학교의 교기가 야구여서 더 좋아하게 됐다. 1970년대는 '고교 야구의 황금기'라고 불릴 만큼 고등학교 야구가 큰 인기를 끌 때였다. 경북고 57회 우리 동기생들 중엔 그리 유명한 선수들이 없었지만 몇 년 위 선배들

가운데는 남우식, 이선희, 서정환, 배대웅, 故 황규봉 등 이름만 들어도 쟁쟁한 선수들이 많았다. 경북고가 대통령기, 봉황기, 청룡기 등 전국 대회를 휩쓸며 전설을 써내려 가던 때였다.

경북고 재학생들은 야구부가 대구에서 경기를 하게 되면 응원단으로 동원되곤 했는데, 대구 야구장에서 목청 터져라 응원하던 까까머리에 검정 교복을 입은 옛날 사진을 보면 입가에 절로 미소가 지어진다. 1975년 봄 경북고 야구부가 대통령배 결승전에 진출했는데, 그 때 나는 고등학교 3학년이었다. 결승전을 꼭 보고 싶은 마음에 친구 몇몇과 모의를 해서 학교수업을 빼먹고 서울로 올라갔다. 2년 위의 형이 신림동에서 하숙하고 있을 때라 형을 찾아갔는데, 하숙집 주인아주머니의 눈

대통령배 결승전에서 경북고가 광주일고에 패했다는 신문 기사.

칫밥을 얻어먹고는 서울운동장으로 달려갔다. 당시 경북고 주전 투수는 성낙수 선수였다. 그는 사이드암과 오버핸드의 중간쯤인 우완 스리쿼터로 그 전해 대통령배, 청룡기, 국회의장배를 석권하는 데 큰 공을 세운 터라 기대가 컸다.

그런데 우리의 부푼 기대와 달리, 성낙수 선수는 광주일고 4번 타자인 김윤환 선수에게 5회 1점 홈런을 맞는 게 아닌가. "한 점 정도야 내줄 수 있지,

힘내라"며 힘껏 응원했건만 성낙수 선수는 오기가 났는지 김윤환 선수가 나올 때마다 계속 같은 코스로 던졌고 결국 3연타석 홈런을 두드려 맞으면서 경기는 6대 2로 지고 말았다.

야속하고 허탈하기도 했지만 더 큰 문제는 그 다음부터였다. 관중석에서 혼신의 힘을 다해 응원하고 있던 나와 친구들의 모습이 방송국 중계 카메라에 잡혔는지 학교 선생님이 보게 되었던 것이다. 그렇지 않아도 고3이 말도 없이 학교에 안 나와 걱정하고 있던 차에 서울운동장에서 천진난만하게 열정적으로 응원하는 제자의 황당한 모습을 텔레비전에서 보신 담임선생님은 화가 머리끝까지 치미셨고, 나는 다음날 학교에 가자마자 칠판 앞으로 불려나와 흠씬 두들겨 맞았다. 어머니께는 서울 형에게 다녀오겠다고만 말씀드렸었다. 어머니는 설마 고3이 서울까지 야구구경을 갔으리라곤 생각하지 않으셨다. 담임선생님은 어머니에게 이 문제학생의 무단결석을 말씀하셨고, 어머니는 선생님한테 얻어맞고 온 나를 기다리느라 버스정류장까지 나와 계셨다. 혼을 안 내셔도 나는 어머니께 미안해서 그날 밤부터 열심히 공부하는 척이라도 해야 했다.

전국대회를 휩쓰는 야구선수들과 같이 학교를 다니다보면 옆자리 앉은 친구이긴 하지만 신기하기도 하고 멋있어 보였다. 요즘으로 치면 연예인을 가까이서 보는 기분이랄까. 대회 참가하랴 연습하랴 바쁘다보니 가끔 수업시간에 나타나곤 했던 야구부 친구에게 괜스레 "어떻게 하면 공을 잘 칠 수 있냐?" 하고 말을 걸어보기도 했던 것 같다.

그 당시는 워낙 야구가 인기가 있을 때라 선수처럼 잘하진 못하더라도 야구를 좋아하는 친구들끼리 뭉쳐서 시간 날 때마다 자주 시합을 하곤 했다. 고등학교 이후엔 야구를 손에서 놓고 지내다가 다시 야구 배트를 잡게 된 건 1981년 한국개발연구원, KDI에 입사하면서부터였다. 그 때 나는 친한 연구원 선배들과 야구팀을 새로 만들고 OIKOS(집, 공동체라는 뜻의 그리스어)라고 이름을 지었다. 우리는 각자 월급 중에 일부를 떼어 돈을 모아 동대문에 가서 제일 싼 집을 찾아 야구 글러브, 배트와 공을 사고 유니폼까지 맞춰 입었다. 그렇게 만든 야구팀은 내가 유학을 마치고 KDI에 돌아온 1987년에 다시 계속되었다.

그 당시엔 매년 가을, 국책연구기관들도 정부 부처들과 함께 '부총리배 중앙행정기관 야구대회'에 참가했었는데 야구 매니아인 내가 KDI에 들어가면서 KDI 야구팀도 활기를 띠고 이 대회에 도전하게 되었다. 1990년 가을 예선전에서 해운항만청과 맞붙게 됐는데, 당시 MBC청룡 2군에서 뛰었다는 선수가 해운항만청 투수로 나선 게 아닌가. 부정선수 시비를 의식했는지 초반에는 다른 투수를 기용하다가 후반이 되자 해운항만청은 이 선수를 마운드에 올려 이기고 있던 경기를 지키려고 했다. 일반인이 아닌 투수를 상대하다보니 제대로 공략할 수가 없었고 경기흐름은 당연히 KDI팀에 불리하게 흘러갔고 패색이 짙어졌다. 나는 마지막 타석에 들어서면서 어떻게든 2루 주자를 홈으로 불러들여야 겠다는 마음을 먹었다. 공이 워낙 빨라서 아무리 쳐도 계속 파울볼만 나왔다. 볼카운트 2-3에 파울볼이 계속되자 이 투수는 화가 났는지 쳐보라는 식으로 중간에 속구를 뿌렸다. '어차피 모 아니면 도인데, 한

홈런볼.

감독상 트로피.

> 본원 야구반, 부총리기 쟁탈 중앙행정기관 야구대회 우승
>
> KDI 야구반 OIKOS는 지난 10월 13일 상무구장에서 거행된 제10회 부총리기 쟁탈 중앙행정기관 야구대회 결승전에서, 원장님이하 여러 KDI직원의 열렬한 응원에 힘입어 공무원연금관리공단을 15:4로 이기고 우승하였으며 개인별 수상은 감독상에 유승민, 최우수선수상(MVP) 이항용, 최우수 투수상 손현덕, 타격 1위상 김남일, 최다타점상 김진영 선수 등 5명이 수상하였다. 이날 결승전에서는 2회 0:0의 상황에서 3점 현월홈런을 친 이항용 선수와 멋진 다이빙캐치로 위기를 넘기게 하여준 김남일 선수의 수비가 돋보였다.

KDI 야구대회 우승 기사.

> 본원 야구부는 11월 3일 포천구장에서 개최된 제 9회 부총리배쟁탈 중앙행정기관야구대회에서 창단이래 처음으로 4강에 오르는 쾌거를 올렸다. 한편 예선전에서 해운항만청과의 시합에서 역전 투런홈런을 터뜨린 유승민 연구위원이 감투상을, 연 이틀동안 열심히 투수자리를 잘 지켜준 손현덕 연구원이 미기상을 수상하기도 하였다.

역전 투런 홈런 기사.

번 해보자'는 심정으로 투수가 던진 빠른 직구를 놓치지 않고 휘둘렀는데, 하얀 공은 쭉쭉 뻗더니 담장을 훌쩍 넘어 흙으로 만든 계단 중간까지 날아갔다. 당시 경기가 열렸던 포항제철구장은 정식 구장과 똑같은 규격이었는데, 그런 곳에서 내가 홈런을 치니까 우리 팀은 물론, 해운항만청과 그 투수도 믿기지 않는 표정이었던 게 생생하다. 그 해 KDI는 창단 이래 처음으로 4강에 올랐고 나는 감투상을 받았다. 그 때 친 홈런 볼은 지금도 의원회관 사무실에 두고 소중히 간직하고 있다. 이렇게 물이 오른 야구는 그 이듬해에는 최상의 멤버들과 강훈을 거듭한 결과 그 야구대회의 처음이자 마지막 우승을 했고 나는 감독상을 받았다.

홈런을 쳤을 때 느꼈던 손목의 짜릿한 전율은 27년이 지난 지금도 생생하다. 어떤 운동이든 스위트 스팟(sweet spot)에 공을 맞혔을 때 느끼는 감각은 비슷하다. '아 잘 맞았다' 싶었던 그 공이 펜스를 넘기자 가장 놀란 사람은 나 자신이었다. 속구를 던지던 그 투수는 어이가 없다는 듯 곤혹스러운 표정이 역력했다. 홈런을 치고 1루를 지나 2루, 3루를 밟고 천천히 뛰면서 사각을 돌 때 나 자신도 믿기지 않던 그 황홀했던 기분은 지금도 생생하다. 홈베이스로 들어오는데 선후배들이 전부 도열해서 내 헬멧을 두들기고 TV에서 보던 홈런 세리머니를 흉내내던 장면, 그 날 홈런 턱을 내기 위해 용돈을 털어 맥주를 사야 했던 기억도 생생하다.

명해설가였던 고 하일성 씨는 "야구는 인생 같다"고 자주 비유했다. 위기를 넘기면 기회가 오고, 기회를 놓치면 위기가 온다면서. 정치 인생의 역전 투런 홈런을 치기 위해 나는 지금 타석에 들어섰다.

또 한 번의 역전 투런 홈런을 칠 수 있을까.

2017년 2월 목동구장에서. 숏터뷰 녹화하는 모습.   사진 임안나

참고문헌

강원택 지음, 『보수정치는 어떻게 살아남았나? 영국 보수당의 역사』, EAI, 2008년

김경희 지음, 『공화주의』, 책세상, 2009년

니콜로 마키아벨리 지음, 박상섭 옮김, 『군주론』, 서울대학교출판문화원, 2011년.

니콜로 마키아벨리 지음, 강정인 · 안선재 옮김, 『로마사 논고』, 한길사, 2016년.

마이클 샌델 지음, 이창신 옮김, 『정의란 무엇인가』, 김영사, 2010년.

모리치오 비롤리 지음, 김경희 · 김동규 옮김, 『공화주의』, 인간사랑, 2012년.

박상섭 지음, 『국가, 전쟁, 한국』, 인간사랑, 2012년.

아리스토텔레스 지음, 천병희 옮김, 『정치학』, 숲, 2009년.

존 롤스 지음, 황경식 옮김, 『정의론』, 이학사, 2003년.

대봉동 살 때 아침에 집 바로 옆 경북중학교
운동장에서 아버지와 함께.

삼덕동 살 때 내가 제일 좋아하던
스피츠와 함께.

경북고 시절 설악산 수학여행. 왼쪽이 필자.

수도경비사령부 근무 시절. 군복 입은 사람이 필자.

홍릉 KDI 근무 시절.

미국 유학 시절 테니스 시합 우승 트로피를 들고 아들과 함께.

며느리를 새 식구로 맞이하던 날.

사진 강영호